米中G2の
パワーゲーム

蔡 林海

日本経済評論社

我々は未来を正しく予測することはできないが、我々の時代に影響を与える問題を確定することはできる。米中関係は21世紀を形づくる。したがって、我々は両国の協力パートナーシップを強化しなければならない。これは我々が共同で負う責任である。

オバマ大統領
第1回米中戦略と経済対話開催式のスピーチ
（2009年7月27日）

　アメリカあるいは中国が単独でグローバルな課題を解決することができるとは考えにくい。一方、アメリカと中国が連携しなければ、いかなるグローバルな難問も解決できないだろう。

クリントン国務長官とガイトナー財務長官
『ウォール・ストリート・ジャーナル』への連名寄稿
（2009年7月25日）

はしがき

　21世紀において、米中関係は世界情勢を大きく左右する最も重要な2カ国関係であるといわれている。オバマ大統領に指摘されたように、米中関係は21世紀を形づくる。したがって、日本にとって、日米関係、日中関係を正しく展望するうえで、米中関係をよく理解する必要性は高くなっている。本書は1979年から2010年までの31年間における米中関係を米中両国政府の公開文書と当事者の証言をもとに跡付けようとするものである。米中関係、特に米中貿易・経済交渉、知的財産権交渉と通貨交渉、気候外交、および米中構造協議に関心をもつ方々には、本書がその一助となれば、幸いである。

　本書の企画、執筆と出版にあたって大変お世話になった日本経済評論社の栗原哲也社長、谷口京延取締役にこの場を借りてお礼を申し上げたい。

　2010年6月8日

著　者

目　　次

はしがき　i

序　章　米中対局の挑戦状：オバマ大統領、
　　　　胡錦濤国家主席に囲碁を進呈 ………………………………… 1

　1　オバマ大統領、胡錦濤国家主席に囲碁を進呈　1
　2　オバマ大統領の新しい思考：中国に「戦略的再保証」を提供　3
　3　米中Ｇ２対局の一局面：台湾武器売却、
　　　オバマとダライ・ラマとの会見　6
　4　囲碁の本家、中国：対米戦略とその変化　8
　5　アメリカ政府高官の中国研修　9
　6　本書の概要　10

　　　　　第一部　序盤：「新興国」と「帝国」との経済紛争

第１章　米中貿易摩擦：目には目を、歯には歯を ……………… 15

　1　アメリカの保護貿易主義の傾向が強まってきたのはなぜですか？　15
　　(1)　「9・11貿易テロ」の攻撃　15
　　(2)　アメリカ労働組合の勝利　17
　　(3)　対米交渉：民主党より、共和党の方が好き　18
　　(4)　124億ドルの「お土産」に10億ドル足らずの懲罰で返す　19
　2　目には目を！　中国、鶏肉と自動車で反撃　19
　　(1)　「アメリカは約束を守る国なのか」　19

(2)　歯には歯を、鶏肉が対米反撃の最初の標的に　20
　　(3)　自動車と化学工業製品、反撃の「弾薬」は十分準備　21
　3　温故知新：米中貿易と貿易摩擦の歴史　22
　　(1)　米中貿易と貿易摩擦の第1段階（1979〜1989年）：「冷戦中の蜜月」　23
　　(2)　米中貿易と貿易摩擦の第2段階（1990〜2000年）：
　　　　「ポスト冷戦の冷戦」　24
　　(3)　米中貿易と貿易摩擦の第3段階（2001〜2010年）：米中G2へ　26
　4　米中貿易不均衡の是正：中国のマクロ経済と産業政策へ　28
　　(1)　3つの「戦場」　29
　　(2)　米中半導体税制の紛争：20億ドルの市場アクセスのため　31
　　(3)　米中自動車部品関税の紛争　33

第2章　米中知的財産権交渉：「泥棒」と「強盗」の対決 …… 37

　1　「冷戦中の蜜月」：中国の辞書には知的財産権の
　　　説明項目さえなかった　38
　2　米中知的財産権交渉の第1戦：15億ドルの
　　　貿易制裁と覚書の締結　39
　　(1)　中国の4大発明は西側諸国に無償で活用されていたのに　39
　　(2)　「鉄の女」呉儀の登場　40
　　(3)　呉儀とカーラ・ヒルズ通商代表との合意　42
　3　米中知的財産権交渉の第2戦：28億ドルの
　　　貿易制裁と「行動計画」　43
　　(1)　対中強硬派カンター通商代表の登場　43
　　(2)　北京の「秋葉原」中関村のゲリラ部隊　44
　　(3)　中国の60億ドル購買契約のリターンは　45
　　(4)　アメリカ自動車産業、中国報復の標的　46

(5)　クリントン大統領は中国との貿易戦争を回避したかった　47

4　米中知的財産権交渉の第3戦：WTOパネルの「戦場」へ　48

　(1)　知的財産権保護の訴訟：米中とも勝利宣言　50

　(2)　アメリカ映画・音楽製品の中国市場アクセスの訴訟：
　　　　ソフトパワーの対決　51

第3章　米中通貨交渉：
「人民元大国」と「ドル帝国」のパワーゲーム ………… 55

1　「城下の盟」：2005年7月21日、人民元切り上げの真実　55

　(1)　シューマーとグラム両上院議員の対中制裁法案　55

　(2)　人民元防衛の「万里の長城」：穴が開かれた　57

2　人民元の攻防戦：最初に発砲したのは日本だった　57

　(1)　塩川正十郎大臣の登場　58

　(2)　スノー財務長官、遂に発言　59

3　第2の「プラザ合意」を回避、中国の「G7」会合欠席の戦術　59

　(1)　「金融・経済マフィア」からの招待状　60

　(2)　第2のプラザ合意のわな：ワシントンG7欠席のゲリラ戦術　61

　(3)　5月大型連休直前、人民元切り上げの予備演習　62

4　「ミスター元」周小川：人民元の「専守防衛」から
　　　ドルへの反撃へ　63

　(1)　周小川総裁、主動的反撃の好機をつかんだ　64

　(2)　「ミスター元」から「ミスターSDR」へ、ドル覇権への挑戦状　64

　(3)　「ドル帝国」は揺らぎはじめた　66

第二部　中盤：米中「呉越同舟」への対話

第4章　第1回米中戦略経済対話：
構造協議の枠組みづくりへ ……………………… 71

1　ポールソン財務長官と米中構造協議の提案　71
2　米中政府の「経済閣僚懇談会」　74
3　第1回米中戦略経済対話の成果　76

第5章　第2回米中戦略経済対話：
中国が金融市場と内陸部航空市場を開放 ……… 79

1　呉儀副総理 VS ナンシー・ペロシ下院議長：虎と龍の闘い　79
2　中国金融行政の4人の首脳も同行　81
3　第2回米中戦略経済対話の成果　82

第6章　第3回米中戦略経済対話：
米中食品安全48時間通報制度の構築 …………… 85

1　米中食品安全紛争　85
2　さらば、呉儀副総理　87
3　米中食品安全48時間以内通報メカニズムのスタート　89
4　第3回米中戦略経済対話の成果　90

第7章　第4回米中戦略経済対話：
サブプライムローン危機中の協議 ……………… 93

1　「Fireman」王岐山副総理の登場　93
2　礼には礼：このとき中国は救いの手を差し伸べた　96

3　周小川総裁は話したいことがある　97
 4　第4回米中戦略経済対話の成果　99

第8章　第5回米中戦略経済対話：
　　　　債務者と債権者との協議 ……………………………… 103

 1　完璧な幕引き　103
 2　米中戦略経済対話と人民元レート：元高から元安へ　105
 3　中国のドル資産は安全か　107
 4　第5回米中戦略経済対話の成果　108

　　　　第三部　未完の対局：米中G2のパワーゲーム

第9章　オバマ大統領時代の「米中戦略と経済対話」：
　　　　21世紀を形成 ………………………………………… 115

 1　オバマ大統領：米中関係は21世紀の形を決定する　115
 2　クリントン国務長官とガイトナー財務長官の寄稿　118
 3　米中G2：戦略と経済対話のメカニズムについて　120
 4　第1回米中戦略・経済対話：グローバルな問題の米中協力　123
　(1)　気候変動に関する協力　123
　(2)　国際・地域問題に関する協力　124
　(3)　グローバル経済と金融に関する協力　125
 5　第1回米中戦略と経済対話：景気回復への協調　126
　(1)　マクロ経済分野の協調　126
　(2)　金融システムの協調　127
　(3)　貿易と投資分野の協調　127

第10章　コペンハーゲン「COP 15」：米中Ｇ２の競演 ………… 129

　1　オバマ大統領訪中の成果と「コペンハーゲン協定」 130
　2　COP 15：「多極の世界の縮図」 133
　　(1)　先進国陣営の分解：欧州連合と「アンブレラ・グループ」 133
　　(2)　「77カ国＋中国」グループの登場と「デンマーク草案」の廃案 134
　　(3)　発展途上国陣営の分解：「77カ国グループ」と「BASIC 4カ国」 135
　3　中国気候外交の「三銃士」VSアメリカ気候変動の「保安官」 136
　　(1)　中国気候外交の「三銃士」：アメリカとの対決 137
　　(2)　アメリカ気候変動の「保安官」：資金をめぐる論戦 138
　4　温家宝総理VSオバマ大統領：
　　　コペンハーゲン協定が決まった歴史的瞬間 139

終　章　未完の対局：米中Ｇ２のパワーゲーム ………………… 143

　1　米中の未完の対局(1)：2010年春から始まった人民元攻防戦 143
　　(1)　シューマー上院議員、再び登場 143
　　(2)　米財務省、「為替報告書」の公表を延期 145
　2　米中の未完の対局(2)：グローバル的関係の「呉越同舟」 147
　　(1)　中国の「核心利益」とアメリカの「関心事項」 147
　　(2)　米中の２カ国関係とグローバル的関係の均衡 148
　　(3)　米中はグローバル・ガバナンスの絶対必要な枢軸国？ 150

付録：オバマ大統領の上海における大学生との対話集会（2009年11月16日） 153

序　章　米中対局の挑戦状：オバマ大統領、胡錦濤国家主席に囲碁を進呈

> 我々は世界史において3回目の権力の大移転を目の当たりにしている。この権力の移転は「他者の台頭」と呼ぶことができる。その最も目立つ現象が中国の台頭である。しかも、中国は世界で最大の借用証文を握り、アメリカのサイン権を有している。
> 　現在、最大の問題は「チャイメリカ（Chimerica、米中融合体）」である。チャイメリカは継続的に密接に協力すれば、我々は未来に向かう道を見つけることができる。チャイメリカは危機の中で互いに対立し別の道を歩めば、我々は別々のグローバル化を迎えることになる。
>
> ファリード・ザカリア『アメリカ後の世界』

1　オバマ大統領、胡錦濤国家主席に囲碁を進呈

2009年11月、就任から1年にも満たないオバマ大統領は中国を訪問し、北京の国賓館「釣魚台」で、胡錦濤国家主席主催の晩餐会に出席した。国賓として招待されたオバマ大統領がホストの胡錦濤国家主席に進呈した「贈り物」はハワイ産の囲碁であった。

「囲碁は4000年の歴史を持つ我が偉大な中華文化の真髄である。オバマ大統領が中華文化を象徴する囲碁を国家元首の贈り物として進呈することで、中華文化に対する尊重の姿勢を示した」と、中国のある著名大学のアメリカ研究専門家はテレビ番組で興奮気味に話した。また、ある著名な評論家は「『チェンジ（変化）』を選挙スローガンとしていたオバマ大統領が、中国の最高指導者への贈り物に囲碁を選んだことは、中国文化を尊重する意向とともに、アメリ

カが考え方を変えて中国文化を学ぼうとする意欲を示している」と分析した。2010年3月の時点でこれを振り考えると、これらの専門家や評論家の分析はあまりにも「天真爛漫」で単純だと言える。

　オバマ大統領がこれより前に訪米した王岐山副総理にバスケットボールを贈り、訪中の際に胡錦濤国家主席に囲碁を贈ったことについて、中国の棋聖・聶衛平氏は「後者の意味は遥かに深い」と指摘した。さらに「囲碁は知恵のゲームである。オバマ大統領はきっと十分深く考え、囲碁を国家元首への贈り物に選んだのだろう。中国人の歴史と文化をよく理解したうえで、このような贈り物を選んだはずである」とも述べている。

　それでは、オバマ大統領が胡錦濤国家主席に囲碁を進呈することにより、中国の最高指導者にどのようなメッセージを伝えようとしたのだろうか。周知のように、囲碁は黒と白と呼ばれる2人の対局者による複雑な頭脳ゲームであり、ゲーム理論において囲碁は「二人零和有限確定完全情報ゲーム」（ゼロサム・ゲーム）と分類される。オバマ大統領が囲碁を進呈することを通じて伝えたかったメッセージは、アメリカと中国の「二人」が21世紀の世界という「碁盤」で対局し、米中G2のパワーゲームをスタートさせようということではないだろうか。これこそ囲碁進呈に秘められた深い政治意図だと考えられる。

　米中両国を指すG2（The Group of Two）を、日本の一部の学者は「米中2極体制」と邦訳しているが、これは正しくない。2008年夏、アメリカピーターソン国際経済研究所のフレッド・バーグステン所長はアメリカの外交問題評議会が発行する雑誌『フォーリン・アフェアーズ』に「対等な協力関係」と題した論文を寄稿し、「The Group of Two（G2）」の構想を発表した。このG2構想は「世界経済秩序をリードする米中両国の協力枠組み」である。バーグステン所長はアメリカが中国にグローバル経済の中でより多い責任を負わせるため、中国とグローバル経済におけるリーダーとしての地位を分け合い共有すべきであり、アメリカと中国との対等な関係を構築しなければならないと指摘している。また、アメリカ政府と中国政府は他の国との関係への配慮から、米中G2を公的に否定することがあるが、アメリカが政策の展開において米中G2を実

施すればよいと主張している。オバマ大統領が囲碁を中国最高指導者への贈り物に選んだことは、このような政策実施の象徴であるといえる。

2 オバマ大統領の新しい思考：中国に「戦略的再保証」を提供

　「オバマ氏の大統領就任はアメリカの外交政策が新しい時代に入ることを意味している」、「オバマ大統領は『アメリカ後の世界』においてアメリカ外交戦略の『設計者』となる」と政治評論家でアメリカのカーネギー国際平和財団のロバート・ケーガン上級研究員は分析している。

　さらに、ケーガン研究員は次のように分析する。「この数十年間、アメリカの外交戦略は3つの柱に依存してきた。まず1つは『パワーの優位』と言われる『軍事と経済の覇権的地位』であり、2つ目はアメリカを中心とする『軍事と政治の同盟国から構成される民主国家のネットワーク』である。3つ目は『オープンな貿易と金融体系』である。……オバマ大統領とその外交チームはこれら3つの柱のうち前者2つをはっきりと拒否しようとしている。すなわち、オバマ大統領はアメリカの衰退を認め、アメリカの『パワーの優位』、『軍事と経済の覇権的地位』を頑なに守る意思を持っていない」。

　オバマ大統領とその外交チームの新しい外交戦略は「現実主義の外交政策」と定義され、アメリカの衰弱と中国の台頭という現実に対応したものである。この中で、アメリカは台頭する大国である中国が必要とするものを提供せざるをえず、中国の政治体制を尊重するほか、その地域的な勢力範囲の拡大も容認するとしている。要するに、アメリカは中国に「戦略的再保証（strategic reassurance）」を提供することになる。中国に「戦略的再保証」を提供する新しい構想の設計を担うのは、ジェイムズ・スタインバーグ国務副長官である。スタインバーグ国務副長官によれば、「戦略的再保証」とは米中共通の利益を強調しつつ、アメリカが中国の台頭を歓迎し、地域的およびグローバルな中国の役割発揮に対する支持を保証する一方で、台頭する中国が地域と世界全体の安全に脅威を与えないことを保証する関係を指す。

このように、中国に「戦略的再保証」を提供する場合、アメリカは上述の従来の外交戦略の2つ目の柱、すなわち「軍事と政治の同盟国から構成される民主国家のネットワーク」を見直さなければならない。特に、冷戦時代に中国という社会主義国家を封じ込むために締結された日米同盟について見直す必要性が高いと言える。日米同盟が締結された50年前の時点と21世紀を迎えた現在の世界情勢は全く異なっている。当初、封じ込め対象であった中国は現在、大国として急速に台頭してきた。中国の台頭という現実に対応し「戦略的再保証」を提供するため、アメリカが日米同盟を座標軸とする従来のアジア外交政策を見直すことは当然のことである。

「従来の『軍事と政治の同盟国から構成される民主国家のネットワーク』の代わりにオバマ大統領とその外交チームが求めているのは、イデオロギーは異なるが『共通する利益』を持つ大国との新しい戦略的パートナーシップである」とケーガン上級研究員は指摘している。米中G2のほかに民主国家から構成されるG7の代わりに登場するG20も「共通する利益を基盤とし、互いに尊重し合う」新しい戦略的パートナーシップの具体例である。ここで、特に指摘したいのは、オバマ大統領とその外交チームの「現実主義的外交政策」がイデオロギーよりも「共通する利益」を重視している点である。米中G2は2カ国関係とグローバルな関係における米中双方の「共通する利益」を基盤として成り立っている。

米中は同盟国同士ではないので、米中G2は「不適切」、「実現不可能」であると、日米の一部の学者や評論家は指摘している。これらの学者や評論家は依然として共通のイデオロギーを基盤とした同盟関係といった冷戦時代の論理に立っているため、オバマ大統領とその外交チームの「現実主義的外交政策」の実質を理解していない。

同盟国の関係はある敵対勢力あるいは潜在的敵対勢力の存在を条件とし、こうした勢力への対抗あるいは封じ込めを目的としている。だが、米中G2はこのような同盟国の関係とは概念も次元も異なっている。現実における敵対勢力あるいは潜在的敵対勢力の存在を条件としておらず、ある敵対勢力と対立や対

抗を目的にしていない。したがって、「同盟国ではないからＧ２は成り立たない」とする論拠は適切でないと言える。

　一方、「共通のイデオロギー」を基盤とした同盟関係である日米同盟の力で、中国の台頭に対抗すべきと考える人々は、「共通する利益」を基盤とした米中Ｇ２の現実を認めたくないことはよく理解できる。アメリカは今後も日米同盟を維持していくと見られるが、日米同盟は米中Ｇ２の対局の「碁盤」の中の１つの「石」になる可能性は非常に高い。すなわち日本は米中対局の中に、アメリカが中国を牽制するための１つの石となることである。最近、１つの象徴的な出来事が注目されている。2010年4月12日、ワシントンで開催された核安全保障サミットで、米中両国の首脳は70分間の正式会談を行い、オバマ大統領と胡錦濤国家主席とも「積極的、協力的、全面的な」米中関係の構築を強調した。一方、同盟国同士である日米両国の首脳は正式な会談が行われず、オバマ大統領はある宴会の場で鳩山由紀夫首相との間に約10分間の会話をしただけであった。

　オバマ大統領とその政権を支えるシンクタンク「アメリカ進歩センター（Center for American Progress）」のウィニー・チン研究員は2010年初め、台湾武器売却、オバマとダライ・ラマの会見、グーグルの「中国撤退」騒ぎをめぐる米中関係「冷却」に関する報道について、次のように分析した。

　「米中間において、過去のいかなる時期よりもお互いの必要度が大きく高まっている。中国はアメリカのイノベーション力と購買力を必要としており、アメリカは中国の経済成長による輸出拡大、およびグローバルな重要な問題における協力を必要としている。中国は確実に発展を遂げるため、アメリカによって提供されるアジア太平洋地域の安定を必要としている。アメリカは地域とグローバルな安全保障において中国の協力を必要としており、特に朝鮮半島の核問題とイランの核問題において中国の協力は不可欠である。米中双方の共通する利益を基盤として共通する目標に基づき政策を調整すれば、当面の争議を解決できる。アメリカの国家利益は米中間の継続的な協力を求めている。……現在、最も重要なのは敏感な話題に過激に反応することではなく、我々の共通す

る利益に着目し成熟した 2 カ国関係に向けて継続的に前進することである」。

だが、米中 G 2 は共通する利益がすべてではなく、国と国との関係である以上、異なる利益関係と対立する立場もあるはずである。米中 G 2 は共通する利益の最大化を目指す一方で、異なる利益関係と対立する立場においてはパワーゲームをプレーすると見られる。

2010年 3 月 4 日、中国人民政治協商会議のスポークスマンを務める元国務院新聞弁公室主任の趙啓正氏は記者会見で、米中関係を「 2 人が運転している 1 台の車」と喩え、次のように述べた。「米中は双方の共通する利益のため、協力を深め、争議を減らすべきである。米中関係は 1 台の車に喩えることができる。しかし、この車の運転者は 1 人ではなく、 2 人である。 2 人はよく相談して運転すれば、車を正常に進めることができる。さもなければ、同じ場所をぐるぐる回るだけになってしまうだろう」。中国政府は公的に米中 G 2 論を認めていないが、「米中関係は 2 人が運転する 1 台の車である」とする興味深い見方は、チャイメリカの中国的解釈であるかもしれない。

3　米中 G 2 対局の一局面：台湾武器売却、オバマとダライ・ラマとの会見

アメリカ第44代大統領バラク・オバマは大のバスケットボールファンとして知られる。2010年 1 月25日、オバマ大統領はホワイトハウスに2008〜2009年シーズン NBA ファイナルを制したレイカーズを招待し、同チームの15回目の優勝を祝福した。その日、オバマ大統領は中国からの強い反対を無視して台湾への武器売却計画を決定した。さらに数週間後の2010年 2 月18日、オバマ大統領はホワイトハウスでダライ・ラマ14世と会見した。だが、これより数カ月前の2009年 7 月28日には、オバマ大統領はホワイトハウスで中国の胡錦濤国家主席の特別代表として「米中戦略と経済対話」に出席した王岐山副総理と会見し、自分のサイン入りバスケットボールを王岐山副総理に贈っている。

学生時代にバスケットボール選手として活躍したオバマ大統領は「ヘッドフ

ェイク (head fake)」というスポーツ用語をよく使う。「ヘッドフェイク」とは、「ボールをあちらにパスすると見せかけこちらにシュートする」トリッキーなプレーを指す。それでは、アメリカの対中外交戦略におけるオバマ大統領の「ヘッドフェイク」をどのように解釈すればよいのだろうか。サイン入りバスケットボールを王岐山副総理に贈り、米中関係の「蜜月」を演出していたように見えたが、中国側が主張している「核心利益」を反して台湾武器売却決定およびダライ・ラマとの会見を行い、対中強硬の姿勢を示した。しかし、今回示した対中強硬姿勢は「見せかけ」のプレーで、次は対中協調の方向に「シュート」を打つかもしれない。実際、2010年3月2日にオバマ大統領はスタインバーグ国務副長官と国家安全保障会議（NSC）のジェフ・ベーダーアジア上級部長という2人の「知中派」高官を北京に派遣した。

2010年4月1日、オバマ大統領は大統領の専用機の中から胡錦濤国家主席と約1時間にわたり電話会談を行い、イランの核開発を阻む国際的な取り組みに中国も加わるよう要請した。

電話会談で、オバマ大統領は胡錦濤国家主席が4月12日からワシントンで開催される核安全保障サミットへの出席を決めたことについて、「歓迎する」と伝えた。さらに、「米中が積極的、協力的、全面的な関係を進展させることは両国にとって非常に重要であり、世界にとっても非常に重要である」と指摘した。胡錦濤国家主席は「台湾問題とチベット問題は中国の主権と『核心利益』に関わっており、これらの問題の適切な対応が米中関係の安定と発展にとって非常に重要である」と強調した。これに対して、オバマ大統領は「アメリカ側が『1つの中国』政策を全面的に確認し、これが中国の核心利益であることを認める」と述べた。オバマ大統領はまた、グローバルかつ地域的なさまざまな課題への対応について、「両国が広い範囲で共通する利益を持っているので、こうした面における協力を強化したい」と要望した。

また2010年5月に「米中G2会合」と呼ばれる「米中戦略と経済対話」第2回会合は北京で開催された。

このように、複雑な米中関係は表面的な出来事から「科学的な」結論を導き

出すことはできない。

　2010年初めごろ、台湾武器売却、オバマとダライ・ラマ会見、グーグルの「中国撤退」騒ぎは米中G2という長い対局の中の一局面に過ぎないである。つまり、これは囲碁の碁盤で、アメリカの大統領は中国の最高指導者に軽く攻めの一手を繰り出したようなものである。

4　囲碁の本家、中国：対米戦略とその変化

　2009年11月のオバマ大統領の中国訪問を契機に、中国の人々は改革精神に溢れ現実主義の外交政策を掲げるアメリカ初の黒人大統領に好感を持ち、「オバマブーム」が盛り上がった。このブームを受け、「周立波対話奥巴馬（周立波とオバマの対話）」がインターネット上で公開され人気を集めた。周立波は「海派清口（上海の漫談）」のコメディアンである。1回2時間あまりの公演で、1人舞台に立ち、政治や経済をネタに切れ味鋭いトークを繰り広げ中国社会の実像を浮き彫りにしていく。周立波は最高指導者であった毛沢東、鄧小平、江沢民のモノマネをしながらそれぞれの対米戦略の違いを語ったことがある。

　ネタにしたのは1999年5月7日に起きたアメリカ空軍による在ユーゴスラビア中国大使館誤爆事件。「中国大使館がアメリカ空軍に爆撃されたと報告を受けた毛沢東、鄧小平、江沢民がそれぞれどのように反応し、どのような指示を出すかを皆さんに教えましょう」と周立波は切り出す。

　毛沢東の場合は「報告を受けるとすぐに『我々の武器倉庫にはミサイルが何基あるのか』と聞き返し、『武器倉庫にあるミサイルを全部アメリカ本土に投げてやる』と湖南訛りで力強く指示する」。

　鄧小平の場合は「ブリッジのゲーム中に報告を受け、『我々の武器倉庫にはミサイルが何基あるのか』と四川訛りで尋ね、『200基ある』との回答を聞くと、『その13％をアメリカの周辺に投げてくれ』と淡々と指示する」。

　さらに江沢民の場合は「報告を受けると江蘇なまりで『我々の武器倉庫にはミサイルが何基あるのか』と尋ねるが、『武器倉庫をしっかり管理し、ミサイ

ル1基でも外に出すことを許すな』と厳しい口調で指示し、また『我々は国際的反応を見るべきだ。現在、我々の第1の任務は経済発展だ。アメリカのことは胡錦濤同志に残して対応してもらう』と話す」と風刺たっぷりに説明する。

　このように、周立波は漫談のスタイルで中国の歴代指導者の対米戦略の違いを語った。経済発展を最優先し、対米問題の処理を後の指導者に託す江沢民の戦略は中国的な知恵が現れている。胡錦濤国家主席の時代に入ってから、中国の経済実力と軍事力、および外交パワーは著しく向上したのに対し、イラク戦争と金融危機を経てアメリカの経済実力と外交パワーは明らかに低下している。囲碁の本家として、中国はアメリカと対峙して世界という「碁盤」で対局する余裕が遂に出てきたと言える。

5　アメリカ政府高官の中国研修

　「人民解放軍は中国の安全にとって誰が最大の脅威であると思っているか」。「アメリカだ」と、中国国防大学の将軍楊毅はアメリカ国防省の高官からの質問にこう答えた。楊毅将軍はさらに、次のように述べた。「アメリカは世界中、中国の国家安全利益に脅威を全面的に与える力を持つ唯一の国である。日本はこのような力を持っていない。ロシアはこのような力を持っているが、中国に脅威を与える動機を持っていない。我々はアメリカとの間に安定かつ健康的な関係を発展して維持していきたいが、アメリカからの潜在的な脅威と圧力に対抗する準備もしている。しかし、幸運なことであるが、現在、米中対抗のリスクは小さくなっている」。

　「軍事能力の視点から見れば、中国もアメリカの最大の脅威である。しかし、米中両国の間にはたくさんの共通した利益があり、協力が必要となっている。したがって米中とも軍事手段を使う意思を持っていない」と、アメリカ海軍情報行動司令部の企画主任ジェームズ・ニューマンは討論に参加して自分の意見を述べた。

　これは2010年4月中旬、北京で行われたアメリカ政府高官の中国研修の一場

面であった。

　中国は改革開放政策を実施し始めた1990年代初期から現在まで、次世代の幹部を育成するため、アメリカの協力を得て「ハーバード研修プログラム」を実施し、数百名の局長クラスの、次世代の幹部候補をハーバード大学に送り込んで研修を通じてアメリカの政治、経済、軍事、およびグローバル戦略について勉強をさせていた。

　今度、アメリカは中国の協力を得て「グローバル指導力研修プログラム」を実施し、局長クラスの高官を北京に派遣して「中国国情研修」に参加させることになっている。2010年4月、第一陣として、アメリカ国務省、商務省、国防省、航空宇宙局、連邦行政学院からなる17名の局長クラスの高官研修団は北京に1週間滞在し、清華大学で「中国政治体制」、「中国のグローバル戦略」、「中国の公共政策」、「中国の軍事発展」、「中国の核安全政策」および「米中関係」などの授業を受け、「科学的発展観」、「協和社会」を勉強した。

　このような研修を通じて米中両国の政策立案に関わる局長クラスの高官が密接な交流を行い、米中G2の基盤を築いているといえる。

6　本書の概要

　米中両国の政策立案に関わる局長クラスの高官は密接な交流を行いながら、米中G2の「対局」を主導することになる。

　米中対局は「碁盤」上で2つの戦略が同時に展開している。1つは米中の2カ国関係、もう1つは多国間のグローバルな関係をめぐる戦略である。米中の2カ国関係は当面、人権、台湾、チベット、および人民元為替レートに関する問題で、アメリカが「攻め」、中国が「守り」の情勢が続くと見られるが、多国間のグローバルの関係では、双方の「攻め」と「守り」が逆転した形となっている。

　米中の2カ国関係は主に両国の政治、経済、貿易に関連している。政治関係には人権、台湾、およびチベット問題といった米中国交樹立以来、30年間解決

できない歴史的な難問が存在している。経済貿易関係は、チャイメリカ（米中融合体）という言葉に象徴されるように、すでに緊密に融合している。米中がマクロ経済、金融システム、貿易と投資など分野における協調が進展しているが、米中貿易不均衡とそれに関わる人民元為替レートの問題が難問として存在している。

一方、多国間関係というグローバルな関係において、アメリカは世界経済の再均衡、WTOドーハ・ラウンド交渉、イランと北朝鮮の核問題、核拡散防止と軍縮、反テロ、気候変動などの問題で、中国からの協力を期待している。クリントン国務長官とガイトナー財務長官が指摘したように、アメリカまたは中国が単独でグローバルな課題を解決することができず、両国が連携しなければ、いかなるグローバルな難問も解決できないのは確かである。中国が経済発展のために平和と安定を求めているので、グローバルな問題の対応では、米中双方は共通する利益を追求する「呉越同舟（仲の悪い同士であっても、危機に直面したときは力を合わせて切り抜けること）」となるであろう。

米中Ｇ２の対局は２カ国関係とグローバル的関係の均衡を図りながら世界経済秩序をリードする米中の協力枠組みを構築するゲームでもある。

本書は「序盤：新興国と帝国との経済紛争」、「中盤：米中『呉越同舟』への対話」と「未完の対局：米中Ｇ２のパワーゲーム」の３つの部分から構成される。

第一部「序盤：新興国と帝国との経済紛争」には、米中政府の公開資料と交渉参加者の証言に基づいて、「米中貿易摩擦」、「米中知的財産権交渉」と「米中通貨交渉」に関する表のきびしい交渉と裏の柔軟な妥協を詳細に分析し、米中の経済紛争の実像を再現している。

第二部「中盤：米中『呉越同舟』への対話」には、経済紛争を回避して米中両国の経済協調を図るために構築された米中構造協議の枠組みを紹介し、米中政府の公開資料と双方の参加者の証言に基づいて、共和党ブッシュ政権時代に開催された５回の「米中戦略経済対話（SED：U. S.-China Strategic Economic

Dialogue)」(2006年8月から2008年12月まで)の具体的な内容と呉越同舟に向かっての米中双方の努力を記録している。

　第三部「未完の対局：米中Ｇ２のパワーゲーム」には、オバマ政権下での「米中戦略と経済対話（S & ED：U. S.-China Strategic & Economic Dialogue）」のメカニズムと機能を詳細に分析し、オバマ政権の「米中戦略と経済対話（S & ED）」は米中両国間の経済、貿易、通貨問題を集中的に協議するブッシュ政権時代の「米中戦略経済対話（SED）」と違って、両国間の経済、貿易、通貨問題のほか、気候変動、世界経済の再均衡、国際金融システムの再構築、WTOドーハ・ラウンド交渉、反テロ、イランと北朝鮮の核問題、核拡散防止と軍縮などのグローバル的問題を広範に協議する特徴を指摘し、「米中戦略と経済対話（S & ED）」のメカニズムが米中Ｇ２体制の基盤となることを分析している。そして、米中Ｇ２のパワーゲームの最初の実例として「米中気候外交：コペンハーゲン（COP 15）の初対決」には、「コペンハーゲン協定」の誕生をめぐる米中首脳による「歴史的な直接対局」を再現し、コペンハーゲン会議を通じて現れた、「アメリカと中国は合唱団を指揮し、新興国と西側諸国が独唱パートを、残ったその他の国が合唱パートを担当する」、「米中Ｇ２と多極の世界」の構図を展望している。

第一部　序盤：「新興国」と「帝国」との経済紛争

第1章　米中貿易摩擦：目には目を、歯には歯を

> 近年の米中貿易は不公平とは言えないかもしれない。なぜなら、中国はアメリカに「毒の玩具」と「汚染された海鮮」を売りつけ、アメリカは中国に「毒の証券」を売りつけていた。
> 　　　　　　　2008年ノーベル経済学賞受賞者　ポール・クルーグマン

1　アメリカの保護貿易主義の傾向が強まってきたのはなぜですか？

「大統領、アメリカの貿易保護主義傾向が強まってきたのはなぜですか？」

2009年11月、世界中が注目していたオバマ大統領の訪中の直前、中国のあるウェブサイトはインターネットを通じて全国からオバマ大統領への質問を募集したところ、このような質問が目立った。

(1)　「9・11貿易テロ」の攻撃

「9・11」は、アメリカ人に2001年9月11日に発生したアメリカ本土が攻撃されたテロ事件を思い起こさせるかもしれない。

そのちょうど8年後にあたる2009年9月11日、「中国はアメリカから『9・11貿易テロ』の攻撃を受けた」と中国メディアは報道した。

この日、オバマ大統領は金曜日の夕方という微妙なタイミングを選び、中国から輸入するタイヤを対象に緊急輸入制限（セーフガード）を発動し、中国製タイヤに対して3年間の懲罰的輸入関税を追加徴収すると発表した。オバマ大統領のこの発表は「米中の蜜月関係」を謳っていた中国メディアに衝撃を与え、

オバマ大統領の来訪に多大な期待を寄せる中国の国民に冷水を浴びせる結果になった。中国商務部の報道官は9月12日、この日は日曜日であったが大統領の「貿易保護主義的な」決定を非難する声明を急いで発表した。

アメリカの「保護貿易主義的」な動きは中国製タイヤに対してだけではない。2009年2月23日、アメリカ商務省は中国製の鋼製ねじに対してアンチダンピングの決定を行い、最高55.16％の懲罰関税を課すことにした。同年4月、中国製の油井管に対して「アンチダンピング」と「アンチ補助」調査を実施した。また、6月17日から6月26日まで10日間にわたり、中国製の鉄鋼製品4品目に対して「アンチダンピング」と「アンチ補助」調査を行ったほか、7月10日には中国産の繊維製品に対しても同様の調査をスタートした。

2009年9月15日、アメリカ商務省は中国製の石油輸送鋼管に対して31％にも及ぶ高い懲罰的関税を徴収すると発表した。

2009年10月7日、アメリカ商務省は圧力鋼管、標準鋼管を含む中国製の鋼管3品目に対し「アンチダンピング」と「アンチ補助」調査を実施すると発表した。この20日後の10月27日には、商務省は中国製のコンクリート材の補強用に使う「PC鋼より線」など鉄鋼製品3品目に対し中国政府が「不当な支援」を行っているとして、これらの中国産鉄鋼製品の補助率が7.44～12.06％であると認定し、同製品に対して輸入保証金を徴収し、事実上、関税を引き上げる措置をとった。

2009年10月30日には、アメリカ国際貿易委員会は6対0の表決結果に基づき、中国製のシームレス鋼管に対して「アンチダンピング」と「アンチ補助」調査を実施すると発表した。これは同委員会が2009年に決定した中国製の輸入製品を対象とする第12回目の不公正貿易調査であった。

同年11月4日、アメリカ商務省は中国製の鉄骨トラスに対して最高438％の懲罰的関税を徴収すると発表し、国際貿易委員会は中国製の銅板印刷用紙および塩3品目に対して「アンチダンピング」調査を実施することを決定した。

11月24日、アメリカ商務省は中国政府が油井管の生産と輸出に対する金融支援とアンチ補助を行っていると認定し、同製品に対して10.36～15.78％の「反

補助」の関税を課す仮決定を発表した。

　2009年12月29日、アメリカ商務省は中国製の鉄鋼製品の不公正価格による国内鉄鋼産業への影響を相殺するため、中国から輸出されるグレーチング（鋼材を格子状に組んだ溝蓋）に対して最高145.18％のアンチダンピング関税を課すことを決定した。

　そして、2009年最後の日、アメリカの中国製の鉄鋼製品に対する「アンチダンピング」攻勢がさらに強まった。12月30日、アメリカ国際貿易委員会は6対0の表決結果に基づき、「中国政府の補助と金融支援を受け、アメリカ国内における販売が急増した中国製の油井管がアメリカ鉄鋼産業に被害を与えた」として「クロ」の最終決定をした。制裁措置の関係金額は約32億ドルにのぼり、2009年におけるアメリカによる対中貿易制裁のうち最大金額の案件となった。

(2) アメリカ労働組合の勝利

　「米国人はこれから数代にわたって中国という債権者の言いなりだ！」。2009年4月21日に『ワシントン・ポスト』紙に上記のコピーで目をひく全面広告が掲載された。広告は対アメリカダンピング、為替レート操作、知的財産権侵害など、中国を厳しく非難しながら、中国に対して強硬な措置を取るようオバマ大統領に訴えている。広告を出したのはアメリカの中小企業を代表してロビー活動を行っている「アメリカ国際ビジネス評議会」である。

　2009年9月15日の『ウォール・ストリート・ジャーナル』は「アメリカ鉄鋼労働組合（United Steelworkers of America)」の会長の談話を次のように引用した。「アメリカ市場には中国製の鉄鋼製品、玩具、医薬、ペット食品が溢れている。我々はセメント、ガラス、化学工業製品、および印刷用紙などの業界の状況に大きく注目している。アメリカ政府は中国からの輸入攻勢に対して断固とした行動を取るべきだ」。85万人の組合員を有する「アメリカ鉄鋼労働組合」は2009年4月から中国製タイヤに対する反撃行動を展開して、オバマ大統領に中国製タイヤに対し3年間の懲罰的輸入関税を追加徴収する「歴史的」決定を迫った。

「アメリカの雇用を中国製の鉄鋼製品の対米輸出攻勢から守ろう」。石油輸送鋼管、シームレス鋼管、圧力鋼管、標準鋼管、鉄骨トラスなど中国産の鉄鋼製品に対する「アンチダンピング」と「アンチ補助」調査の措置は、いずれも「アメリカ鉄鋼労働組合」が国内の鉄鋼企業と連合し、国際貿易委員会と商務省に力強く提訴したことにより実現したのである。

アメリカ商務省の発表によると、2006年から2008年までの3年間に中国製のシームレス鋼管の対米輸出は132％も増えた。また、この3年間に中国製の石油輸送鋼管の対米輸出は358％増加した。さらに、2008年に中国産のコンクリート材補強用の「PC鋼より線」の対米輸出は前年比74％増加した。アメリカ国際貿易委員会と商務省は労働組合と鉄鋼企業の救済要請に応じ、中国からの鉄鋼製品とタイヤの輸入がアメリカ鉄鋼産業に与えた損害を認めることとなった。

こうして、2009年には、「アメリカの雇用を守る」スローガンを大きく取り上げたアメリカ労働組合は米中貿易紛争の最大の勝者となった。

(3) 対米交渉：民主党より、共和党の方が好き

「対アメリカの交渉では、私はリベラルな民主党より保守の共和党の方が好きだ」。20世紀の1970年代に、中国とアメリカの関係改善を指揮していた毛沢東主席はこう述べた。この観点は対アメリカ交渉の最前線に立つ現在の中国指導部にとっても現実的なものと言えるかもしれない。

「共和党のブッシュ大統領は8年間の任期中、アメリカ国際貿易委員会による対中セーフガード発動の勧告を6回も拒否していたのに、民主党のオバマ大統領は就任後わずか数カ月で、対中セーフガードの発動を決定した」。中国政府系シンクタンクの専門家はオバマ政権に対する不信感を示す。

自由貿易を標榜するオバマ大統領が保護貿易主義寄りの政治判断をしたのはなぜだろうか。

オバマ大統領は2008年のアメリカ大統領選挙戦で積極的に支援してくれたアメリカ労働組合への「返礼」として、産業保護と雇用維持の「アメ」を贈るため、中国に保護貿易主義の「ムチ」を打っているとの分析がある。これに対し、

医療保険改革など国内の重要的な政治課題の解決、および2010年の中間選挙のため、中国製の輸入品を「犠牲品」として選んだとする見方もある。

(4) 124億ドルの「お土産」に10億ドル足らずの懲罰で返す

　特に中国側が激怒しているのは、中国に「微笑を見せる」、「ハト派」のオバマ大統領が取ってきた「タカ派」の行動パターンである。2009年9月10日、オバマ大統領はホワイトハウスで初めて訪米した中国の呉邦国全人代委員長と「親しい雰囲気で会談」した。会談に先立ち、中国はアメリカに124億ドルにものぼる「お土産」を渡している。この「お土産」は自動車と自動車部品、電子機器、機械設備、新エネルギー技術を含む41項目に及ぶアメリカからの調達契約である。オバマ大統領は呉邦国委員長との会談で、「米中のパートナーシップは経済危機の悪化を食い止める中で、非常に重要な役割を果たしており、両国は戦略的で高度なパートナーシップと相互信頼関係を強化すべき」と述べた。だが、このように話したにもかかわらず翌日の9月11日には、オバマ大統領は中国製タイヤに対して懲罰的関税を課すことを決定した。しかもこの決定に関わっている中国の対米タイヤの輸出金額は10億ドルにも満たなかった。「124億ドルのお土産を差し上げたのに、10億ドル未満のタイヤ貿易のためにお客を馬鹿にするとはあまりにもひどい」と面子を潰された関係者は怒ったという。

2　目には目を！　中国、鶏肉と自動車で反撃

(1) 「アメリカは約束を守る国なのか」

「中国とアメリカとも保護貿易主義を反対することをお互いに約束している。アメリカは約束を守る国だと思うか」。中国のあるウェブサイトは2009年11月、オバマ大統領の訪中直前にオンライン調査を行い、このような質問をした。全国のネットユーザー1万1,371人が回答し、このうち1万1,067人が「そう思わない」とはっきりと答えた。

また、「アメリカが中国産の鉄鋼製品に対して懲罰的関税を課すことをどう見るか」との質問に対して、回答者の94.6％が「保護貿易主義的な行為である」を選んだ。「正常な貿易摩擦」と答えた者はわずか5.4％であった。
　さらに、「アメリカが中国製品に対して多くのアンチダンピング調査を発動したことをどう見るか」との質問に関して、回答者の89.4％が「オバマが貿易を通じて中国に圧力をかけた」を選んでいる。

(2) 歯には歯を、鶏肉が対米反撃の最初の標的に

　2009年9月27日、中国商務部は「2009年第74号」および「75号公告」を出し、アメリカから輸入する鶏肉に対して「アンチダンピング」と「アンチ補助」調査を即時実施することを発表した。中国政府がアメリカから輸入する製品に対して「アンチダンピング」と「アンチ補助」調査を同時に行うのは初めてである。
　これについて、中国商務部輸出入公平貿易局の責任者は、中国国内の鶏肉産業からの要請に応じてアメリカ産の輸入鶏肉に対する不公平貿易行為の調査を発動することになったと述べている。2008年に中国が輸入した鶏肉とその製品は79万トンにのぼった。このうち、アメリカからの輸入は58万トンであった。また、2009年1～6月に中国が輸入した鶏肉の約90％がアメリカ産であった。アメリカは鶏肉の輸出大国であり、2008年の鶏肉輸出金額は43億ドルに達しているが、このうち4分の1が中国向けとなっている。アメリカの中国向けの鶏肉輸出額は必ずしも大きくないが、アメリカ農家にもたらす利益は非常に大きい。両国の鶏肉の消費傾向を見ると、その理由がわかる。アメリカ消費者は鶏の胸肉を好み、足や手羽はあまり食さないため、アメリカ市場では鶏の足や手羽は売れない。一方、中国の消費者は鶏の胸肉よりも、アメリカで売れない足や手羽を好んで食べるので、これらの部位を無駄にすることなく利益に結びつけることができる。また、長期的に見ても、アメリカの農産物輸出にとって、食肉消費量が増えている中国市場の重要性は高まる一方である。例えば、2004年から2008年までの4年間、アメリカの対中鶏肉輸出量は20倍も拡大した。し

かも、米中間の鶏肉貿易は中国がアメリカから鶏肉を輸入する一方向の貿易となっており、2004年からアメリカは鶏肉製品の安全性の理由に、中国からの鶏肉輸入を禁止している。こうした中、中国は鶏肉を対米貿易報復の最初の標的として選んだ。

(3) 自動車と化学工業製品、反撃の「弾薬」は十分準備

2009年10月12日、中国商務部は「2009年第79号公告」を出し、アメリカと欧州連合（EU）から輸入するポリアミド6.6チップに対してアンチダンピング調査の最終決定を下した。アメリカとEUからの同製品の輸入にはダンピング行為が存在し、中国国内産業が実質的な損害を受けていると認定され、2009年10月13日から上述の国と地域から輸入する同製品に対し、5年間の期限で最高37.5％のアンチダンピング税を徴収することになった。

2009年10月19日、中国商務部は「2009年第80号公告」を出し、アメリカから輸入するポリアミド6チップに対してアンチダンピング調査の仮決定を下した。この中で、アメリカのダンピング行為により、中国の関連産業が実質的な損害を受けたことで、2009年10月20日から上述の国と地域から輸入する同製品に対して保証金を徴収するとした。

2009年11月1日、中国商務部は「2009年第78号公告」を発表し、アメリカから輸入するアジピン酸に対するアンチダンピング調査の最終決定を下した。アメリカから輸入するアクリル酸にはダンピング行為が存在し、中国企業がそれによる実質の損害を受けていると認定。2009年11月2日から5年間の期限で、アメリカから輸入するアジピン酸に対して5.0〜35.4％のアンチダンピング税を徴収することになった。

2009年11月6日、中国商務部は「2009年第84号公告」を出し、アメリカ製排気量2.0ℓ以上の乗用車とオフロード車に対して「双反調査（アンチダンピングとアンチ補助調査）」を即時実施すると発表をした。2009年初めのアメリカ政府による3大自動車メーカーの救済を目的とした巨額の財政支援は「非合法な政府補助」にあたるとして問題視されていた。中国商務部輸出入公平貿易局

の責任者は「中国国内の自動車産業からの要請により、『中華人民共和国アンチダンピング条例』と『中華人民共和国アンチ補助条例』に基づき、アメリカ製の自動車に対して立件調査を実施する」と述べた。同年10月28日、アメリカ自動車政策評議会（AAPC）のスティーブ・コリンズ会長は「中国政府がすでにアメリカ自動車産業に対するアンチダンピングとアンチ補助の調査の書類をアメリカ政府に提出した」と明らかにした。コリンズ会長によると、中国側の調査で「クロ」と決定された場合、アメリカのビッグスリーから中国に輸出する乗用車とオフロード車に輸入関税を課されることになる。2008年のアメリカ車の対中輸出金額は11億ドルであった。

　2009年12月10日、中国商務部は「2009年第99号公告」を発表し、アメリカ製の方向性電磁鋼板に対して「アンチダンピング」と「アンチ補助」調査の仮決定を下した。これは中国政府がアメリカから輸入する製品に対して「双反調査（アンチダンピングとアン補助の調査）」を同時に行うことである。この中で、中国政府はアメリカ製方向性電磁鋼板のダンピング（ダンピング率は10.7～25％）、およびアメリカ政府による方向性電磁鋼板への補助（補助率は11.7～12％）により、中国の関連産業が実施の損害を受けたとする理由で、2009年12月11日から、アメリカ産から輸入する方向性電磁鋼板端材に対して保証金を徴収するとしている。

3　温故知新：米中貿易と貿易摩擦の歴史

　「37年前ここ（上海）で発表された上海コミュニケは我々両国政府および両国民の関係の新たな章を開いた。米国とこの都市（上海）、そしてこの国との結びつきはさらに遥か昔のアメリカ独立初期にまで遡ることができる。1784年、我々の建国の父ジョージ・ワシントンはエンプレス・オブ・チャイナ号を就航させ、この船は中国沿岸に向かい清朝に通商を求めた。ワシントンは米国国旗を掲げたこの船が世界各地を巡り、中国のような国々と新たな関係を構築することを望んだ。……40年ほど前に、……両国関係は緊張緩和の方向に動いた。

最終的に米国と中国は1979年に国交を樹立した。この30年で我々がどれだけ大きく関係を発展させてきたかを見てほしい。……米中貿易額は1979年に約50億ドルだったが、現在では4,000億ドルを上回っている」（カッコ内は引用者）。これはオバマ大統領が上海訪問の際に行ったスピーチの一部分である。

1972年にニクソン大統領が中国北京を訪れ、毛沢東主席との「歴史的握手」を通じて米中関係改善に向かい始めた当時、米中間の貿易金額は1,300万ドルであった。1979年には米中の国交樹立と同時に、「米中貿易協定」も締結された。これにより、米中両国の貿易関係は正式にスタートすることになった。アメリカ商務省の統計によると、2008年に米中貿易総額は4,075億ドルに達した。

米中貿易と貿易摩擦の歴史は国際政治の動向、米中政治・外交関係の変化、および世界経済の情勢に基づき、主に次の3つの段階に分けて分析することができる。

(1) 米中貿易と貿易摩擦の第1段階（1979～1989年）：「冷戦中の蜜月」

米中貿易と貿易摩擦の第1段階は1979年から1989年までの10年間である。これは冷戦時代の最後の10年間でもあり、ソ連という共通の脅威に対抗するため、かつては激しく対立してきたアメリカと中国が「準同盟」のような関係で結びついた時期でもある。アメリカが地縁政治の視野から対ソ連戦略で中国を利用したのに対し、中国は「東聯孫呉、北拒曹魏（東で孫権の呉国と連合し、北で曹操の魏国に対抗する）」という三国志の謀略を活用し「宿敵」であったアメリカと「握手」したことにより、米中は「冷戦中の蜜月」とも呼ばれる時期を過ごしてきた。

この時期、米中双方は1979年7月に締結された「米中貿易協定」に基づき相手国に最恵国待遇を付与し、双方の貿易規模は1979年24億5,000万ドル（中国の対米輸出が5億9,000万ドル、アメリカの対中輸出が18億6,000万ドル）から1989年の178億ドルに拡大した。

米中の「冷戦中の蜜月」の時期において、政治・外交関係の最も重要なポイントは東西両側からソ連の勢力拡張を共同で封じ込めることであった。このた

め、米中の経済・貿易関係は政治・外交関係に従属するものに過ぎなかった。したがって、アメリカの対中貿易政策は基本的に「寛大」なものとなり、米中貿易の規模が年間平均15％の伸び率で順調に拡大し、1988年にはアメリカが中国にとって第3の貿易パートナーとなった。

　しかも、この時期、中国の産業競争力はそれほど強くなかったので、紡績産業を除いて中国の輸出はまだアメリカ産業に対し脅威を形成していなかった。

　1980年代初期には、中国から輸入された紡績製品はアメリカの紡績製品輸入総額に占める割合が1980年の5.9％から1985年の8％まで拡大した。この傾向を警戒したアメリカは中国との間に第1回米中紡績製品貿易協定を結び、中国から輸入する紡績製品7品目に対し輸入制限を発動した。これに反発した中国はアメリカからの大豆と綿花の輸入を中止することで報復した。これは米中間の最初の貿易摩擦であった。

(2) **米中貿易と貿易摩擦の第2段階（1990〜2000年）:「ポスト冷戦の冷戦」**

　米中貿易と貿易摩擦の第2の段階は1990年から2000年までの10年間である。1989年のベルリン壁の崩壊とその後ソ連解体にともない、米中間の「冷戦中の蜜月」の関係も過去のものとなった。これに代わり「ポスト冷戦の冷戦」が米中の政治・外交関係の1つの特徴となった。その代表例は2つある。まず1つは1989年の「天安門事件」を契機に、アメリカが中国に対して政治的非難と経済制裁などの強硬政策を実施したことである。もう1つは1999年5月7日のアメリカ空軍による在ユーゴスラビア中国大使館誤爆事件である。

　冷戦終結後、アメリカにとって、かつてはソ連に対抗するために利用していた中国の「戦略的価値」が失われたが、その一方で、世界中の唯一の社会主義超大国である中国がソ連に代わるアメリカの新たな「潜在的脅威」となった。アメリカが中国に圧力をかけるため、貿易分野における「スーパー301条」の発動や最恵国待遇付与の中止は対中交渉の「カード」として利用されることになった。この時期、アメリカ議会は人権問題や武器拡散問題などの理由に、中国に対する「最恵国待遇（MTN）」付与の取り消しまたは条件付き延長などさ

図1-1　中国対アメリカ貿易バランス（中国側統計1979～2000年）

（単位：億ドル）

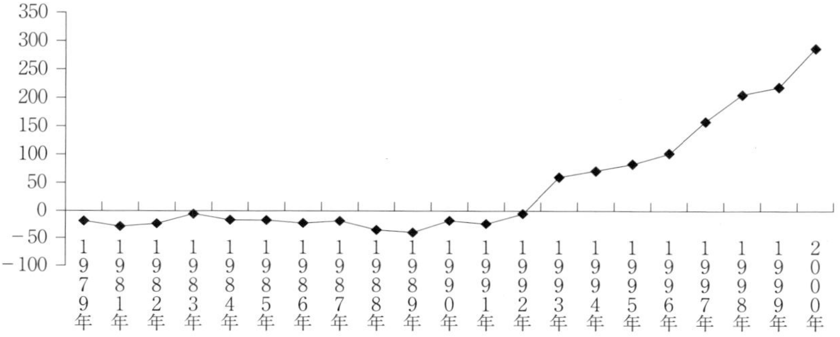

資料：中国商務部。

まざまな議案を提出した。

　だが、米中貿易は「ポスト冷戦の冷戦」という米中の政治・外交の対立を背景としながらも、経済のグローバル化と中国経済改革の進展にともない、着実に成長してきた。アメリカ商務省の統計によると、米中の貿易規模は1990年の200億ドルから2000年の1,162億ドルまで、10年間で約6倍にも拡大している。

　こうした貿易規模の拡大にともない、米中の貿易不均衡の問題は1990年から表面化し始めた。中国の貿易統計によると、1979年から1992年まで米中貿易は基本的に中国側が赤字でアメリカ側が黒字となっていたが、1992年からは中国側が黒字に転じ、しかも黒字規模も年々拡大した（図1-1）。これに対し、アメリカ商務省の統計によると、対中貿易において、1983年からアメリカ側が黒字から赤字に転じ、赤字規模は1983年の3億2,000万ドルから2000年の838億1,000万ドルまで急速に拡大した（図1-2）。このように貿易不均衡の問題は米中貿易摩擦の新しい「火種」となっていった。この火種はまた、対中「最恵国待遇」と「恒久的正常化通商関係（PNTR）」の付与、中国製輸入品のダンピング、知的財産権の保護と中国市場の開放、および人民元為替レートなどの分野での紛争の原因にもなった。

　冷戦に勝利したばかりのアメリカは凄まじい勢いで中国を攻め、中国の応戦

図1-2　アメリカ対中国の貿易バランス（アメリカ商務統計1979～2000年）

（単位：億ドル）

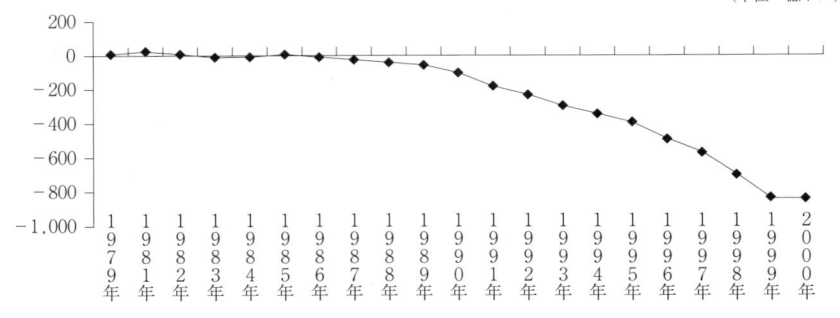

資料：アメリカ商務省。

一方の局面が続いた。1990年代初期、毎年アメリカが対中「最恵国待遇」の付与を検討する時期になると、江沢民国家主席は眠れない日々を過ごしていたという。

また、この米中貿易と貿易摩擦の第2段階において、中国のGATT（関税および貿易に関する一般協定）復帰と世界貿易機関（WTO）加盟に関する交渉がアメリカの完全な主導下で行われることになった。1999年11月15日、長期間の交渉を経て、米中両国政府は北京で「中国の世界貿易組織加盟に関する2国間協議書」に調印したことにより、アメリカは中国に「恒久的正常化通商関係」を付与することになった。だが、中国はこれによって大きな対価を払うことになった。例えば、中国はアメリカの圧力を受け「紡績製品輸入制限措置（8年間：2000年から2008年）」、「対中貿易政策多国間審議制度（10年間：2000年から2010年）」、「特別保護措置（12年間：2000年から2012年）」、「非市場経済国地位（15年間：2000年から2015年）」などアメリカに有利な条件を次々と呑んだ。このように、中国は「不公平条約」に調印する形でWTOに加盟し、アメリカから「恒久的正常化通商関係」を付与されることになった。

(3)　米中貿易と貿易摩擦の第3段階（2001～2010年）：米中Ｇ2へ

米中貿易と貿易摩擦の第3段階は2001年から2010年までの10年間であり、こ

れは21世紀最初の10年間でもある。中国は1990年代後半から、経済改革と対外開放政策の成功、および経済グローバル化への積極的な参加にともない、国力が著しく増大してきた。一方、2001年「9・11テロ」事件の直後、国際テロリストという新たな強敵に直面したアメリカは中国からの協力を得るため、対中国「冷戦的思考」からの軌道修正を図り、国際戦略の視点から対中国政策を迅速に調整した。これによって20世紀最後10年間の米中間の「ポスト冷戦の冷戦」という時代から脱却することができた。その後、アメリカは中国を「ステークホルダー（利害共有者）」と呼び、最近に至っては米中関係を「共通の課題にチャレンジするパートナーシップ」とまで称するまでになった。

20世紀最後の20年間、すなわち米中の「冷戦中の蜜月」の1980年代と「ポスト冷戦の冷戦」の1990年代には、米中間の政治・外交関係が両国間の経済・貿易関係を大きく左右していた。これに対し、21世紀最初の10年間においては、米中の経済・貿易関係が両国間の政治・外交関係を左右してきた。

例えば、経済・貿易の相互依存関係を見ると、2001年に1,215億ドルだった米中の貿易総額は、2008年には4,075億ドルに達している。アメリカは2002年から中国にとって第2の貿易相手国となり、中国の最大の輸出市場となっている。また、中国はアメリカにとって第3の貿易相手国となっている。さらに、2009年に中国が保有するアメリカの国債総額は7,000億ドルにも達し、中国は世界最大のアメリカ国債保有国となった。これによって、米中経済における力関係はアメリカから中国への傾斜という変化が起こっている。米中間の「ステークホルダー」としての関係や「共通の課題にチャレンジするパートナーシップ」の形成は、まさに両国の経済・貿易関係の相互依存度がかつてないほど高まった結果でもある。

一方、この10年の間、米中貿易規模の急拡大にともない、貿易摩擦も多発しており、貿易摩擦の対象となる産業分野およびその金額も拡大している。中国の対米輸出を見ると、2002年から2008年までの数年間、基本的に年間20％台の伸び率で拡大しており、対米輸出の中国輸出全体に占める割合も20％台を超えている（図1-3参照）。

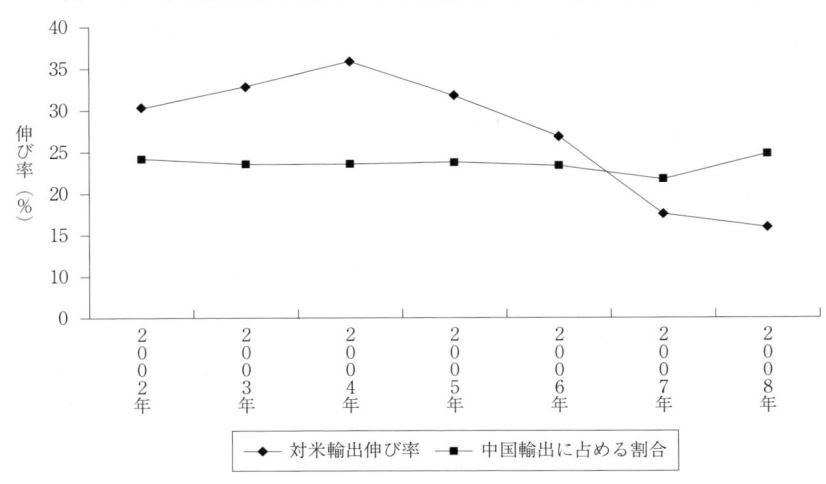

図1-3 中国対米輸出の伸び率と中国輸出に占める割合（2002～2008年）

資料：中国商務部公表データより作成。

　アメリカ商務省の公表資料によると、2001年から2009年までの9年間に、アメリカが中国製品を対象に発動したアンチダンピング調査は135件にのぼり、年平均15件となった。しかも、アメリカが実施した外国製品に対するアンチダンピング調査のうち、半分以上は中国製品を対象としたものである。対中アンチダンピングの対象製品は養殖海老、繊維・服装、木製家具、印刷用紙から家電製品、機械・電子、自動車部品、鉄鋼製品まで約200品目にも及んでいる。しかも、2001年に数億ドルだったアンチダンピング案件の平均金額は、2009年には32億ドルまで大幅に増加した。

4　米中貿易不均衡の是正：中国のマクロ経済と産業政策へ

　中国の対米輸出の規模と対米貿易の黒字が年々拡大している状況は、アメリカ国内で強い不満を引き起こした。対中アンチダンピング、人民元為替レートの引き上げ、知的財産権保護の強化、および中国市場の開放などを求める声は、

アメリカ産業界、労働組合団体、およびポール・クルーグマンのような経済学の専門家から、議会、アメリカ政府内部に至るまで拡大している。米中貿易不均衡是正は、大統領とアメリカ政府にとって対中交渉の中で最も重要かつ困難な課題の1つとなっている。

(1) 3つの「戦場」

21世紀最初の10年間において、米中貿易摩擦の対象は個々の産業からマクロ経済政策、社会経済制度、法体制まで広がってきている。アメリカは米中貿易不均衡の是正を図るため、主に3つの「戦場」において中国に攻勢をかけた。

まず第1の「戦場」はアメリカ国内が舞台となった。市場シェアが急速に拡大した中国製品に対して「アンチダンピング調査」と「アンチ補助調査」を発動して懲罰的関税を課した。2004年に中国から輸入したカラーテレビに対するアンチダンピング調査を実施し懲罰的関税を課した案件はその例である。

2003年5月、アメリカ商務省はアメリカテレビ製造業界からの提訴に応じ、中国製のカラーテレビに対してアンチダンピング調査を発動した結果、18億ドルにのぼる米中カラーテレビ貿易戦争が起こった。アメリカ商務省の統計資料によると、中国のアメリカ向けのカラーテレビ輸出（21インチ）は2001年に5万6,000台、2002年に130万台、2003年に176万台と30％の伸び率で大幅に増えていた。しかも、中国からアメリカに輸出したカラーテレビ（21インチ以上）の平均価格は2001年の425ドルから、2002年に186ドル、2003年に160ドルと50％以上下落した。2003年6月、アメリカ国際貿易委員会は中国からアメリカへのカラーテレビ輸出がアメリカの産業に実質的な損害を与えたと仮決定を下した。そして、アメリカ商務省は中国政府とテレビメーカーとその業界団体の強い反発を押し切り、2004年6月3日以降中国から輸入されるカラーテレビに対し最高78.45％の懲罰的関税を課す最終決定を下した。

中国商務部公平貿易局の責任者は、アメリカのアンチダンピング措置の決定に対し遺憾の意を表明した。2004年7月、中国商務部はその報復の措置としてアメリカ企業のダンピング行為により中国の光ファイバー産業が実質的な損害

を受けたと認定し、アメリカから輸入される光ファイバーに対し16％の輸入保証金を徴収することを決定した。

　一方、中国のテレビメーカーとマスメディアは米中のカラーテレビ貿易戦争に敗れたことに怒りを隠さなかった。その時期、ちょうど日中関係は「靖国神社参拝」問題で悪化しており、中国共産党機関紙『人民日報』のインターネット版「人民網」の在アメリカ記者は現地から中国に次のような記事を送った。「米中カラーテレビ貿易戦争の裏にはソニー、パナソニック、東芝、三洋電機などの日本テレビメーカーが黒幕として存在している。これらの日本企業は業界情報、データ、技術の提供を通じ、アメリカ政府の対中アンチダンピング調査に全面的に協力している。……日本企業は自分の競争相手である中国の家電メーカーがこの貿易戦争に敗れることを期待している」。こうして米中貿易戦争は日本にも影響を与えることになった。

　次にアメリカは第2の「戦場」として中国国内に目を向け、中国市場開放のさらなる拡大を中国政府に迫ることにした。アメリカから見れば、米中貿易不均衡の原因は主に3つある。1つ目は輸出税還付などの中国政府の輸出奨励措置が不公平な競争条件をもたらし、中国製品の対米輸出でダンピング行為が存在する点である。2つ目は中国政府が人民元為替レートを「操作」し中国製品の対米輸出に有利な条件をつくり出したことにより、アメリカ産業に損害を与え、不公正な競争環境を形成した点である。そして3つ目は、中国国内のさまざまな「アンフェア」な経済制度と産業政策がアメリカ企業による中国市場へのアクセスを阻害し、アメリカ企業とその従業員に不当な損害を与えた点である。そこで、アメリカは米中貿易不均衡の是正を図るため、中国国内の「戦場」に全力で臨んだ。

　そして第3の「戦場」はWTOと「G8」という国際的な舞台である。「高い貯蓄率・低い消費率」と輸出主導の経済成長パターンの見直しや人民元為替レートの引き上げなどを求め、中国政府に国際的圧力をかけた。

　2001年は中国がWTOに正式に加盟した年であった。これを契機に、米中間の貿易摩擦はWTOの枠組みの中で対応することが可能となった。アメリカは

半導体税制、自動車部品関税、知的財産権など「アメリカ企業とのフェアな競争を阻害する」中国の諸制度と産業政策についてWTOに提訴し、その後勝利を手にした。

次に、WTOの「戦場」でアメリカが勝利を収めた米中半導体税制と自動車部品関税の紛争について紹介する。

(2) **米中半導体税制の紛争：20億ドルの市場アクセスのため**

2000年に、中国政府は自国の半導体産業を育成するため「ソフトウェア産業と半導体産業の発展を奨励する若干の政策」を公表した。これにより2000年6月から2010年末まで間、付加価値税の一般納税者が生産する半導体製品に対し17％の法定税率で付加価値税を徴収するが、付加価値税の実際の税負担が6％を超えた部分については徴収直後に即時還付することになった。2002年には、中国政府は半導体産業への優遇措置を半導体設計企業とメーカーにまで拡大し、一部の半導体チップ生産企業に対し実際の税負担が3％を超えた部分について徴収直後に即時還付する政策を発表した。

「これは年間20億5,000万ドルの市場アクセスの機会に関わる大問題である」。対中国の半導体輸出を主導するアメリカ半導体工業会（SIA）は、中国政府による自国半導体産業への付加価値税還付の優遇政策がアメリカ半導体企業の競争力の低下を招くと同時に、中国の半導体事業への投資の集中を引き起こし、不公正な競争条件をつくっていると強く反発した。全米製造業者協会（NAM）もこの問題をWTOへの提訴するよう、アメリカ政府に圧力をかけた。

中国の税関が輸入する半導体に対して17％の輸入間接税の付加価値税を課すのに加え、中国国内の半導体メーカーは優遇政策を通じて11～14％の付加価値税の還付を受け、10％の価格競争力を獲得することになるので、アメリカ半導体産業が容認できるものではなかった。この優遇政策の実施は明らかに輸入半導体に対する差別を生み、WTOの内国民待遇の原則に反しているほか、アメリカの半導体企業を「不公正な競争の地位」にあまんじさせることになった。

また、アメリカの対中輸出管理と審査を担当するアメリカ連邦会計検査院

(GAO) は「輸出管理：中国半導体産業の急速な発展を踏まえたアメリカの政策見直しの必要性」を題する報告書を議会に提出した。この中で、1985年から外国直接投資にともなう半導体産業の中国進出により、半導体製造技術分野における中国とアメリカとの差は著しく縮小し、半導体産業の進歩により中国の軍事産業の基盤が強化されたと指摘。さらに、アメリカの輸出管理体制が中国半導体産業の近代化プロセスを効果的に遅らせることができなかったので、輸出管理体制に対する再評価を行わなければならないと主張している。

翌年に大統領選挙を控えた2003年、アメリカが抱える対中貿易赤字は1,240億ドルに達した。共和党のブッシュ大統領の就任以降、4年間でアメリカの製造業において280万人の雇用が失われたと言われた。2004年11月の大統領選を前に、アメリカ政府は中国に対して強硬な姿勢をとらざるをえない状況にあった。アメリカ通商代表部（USTR）は同年2月、議会への報告で「中国の半導体付加価値税還付問題についてWTO提訴を検討する」と明言し、3月18日に正式にWTOに対し申し立てを行った。

中国は当初、アメリカの指摘は当たらず、アメリカが中国の優遇政策を正しく理解せずに誤った行動をとったと批判した。中国の説明によると、アメリカ側が「税負担」と「税率」の概念をない交ぜにしており、要するに、「実際の税負担」の概念と「実際に交付する付加価値税」の概念は全く異なる。中国国内の半導体企業の付加価値税の実際の税負担は通常に7～8％であり、「実際の税負担が6％を超えた部分について徴収直後に即時還付する」ことは1～2％程度の税還付を意味する。また、「3％を超えた部分について徴収直後に即時還付」しても精々2～3％程度の税還付であり、アメリカ側が騒いで主張している11～14％の税還付ではない。しかも、中国がアメリカ企業を差別していることはなく、むしろアメリカが中国の国内政策に対しいつも「偏見」を持ち、中国の経済と産業政策に差別的に措置をとっていると、強く反発した。

2004年7月14日、アメリカの圧力の下で、中国とアメリカは「米中の中国半導体付加価値税問題に関する覚書」を締結した。この覚書に基づき、中国側は2004年11月1日前に国産半導体製品に対する付加価値税還付政策を調整し、

2005年4月1日から税還付の優遇措置を取り消すことを約束した。その代わりに、アメリカ側は中国の半導体税制に関するWTOへの提訴を撤回すると発表した。こうしてアメリカは11月の大統領選挙の前に、WTOの紛争処理手続きへの協議要請を通じて2カ国間の交渉で中国から譲歩を引き出した。

(3) 米中自動車部品関税の紛争

「米中の貿易関係には公平性とバランスが欠けている。中国政府が実施している自動車部品関税政策は明らかにWTOのルールに違反し、アメリカ自動車部品企業の対中輸出に対し差別的措置を取り、アメリカの雇用機会を減少させた」。

2006年2月、アメリカ通商代表ロブ・ポートマンはワシントンで中国の自動車部品関税政策を非難する声明を発表した。

2005年に中国の自動車市場規模は592万台に達し、580万台の日本を超え、アメリカに次ぐ世界第2位となった。しかも、中国の自動車市場は15％の伸び率で拡大し、2006年には650万台に達すると予測されていた。数年後に世界一の自動車市場となる見込みの中国市場をめぐり熾烈な競争が展開され、中国はグローバル自動車市場の「激戦地域」となった。中国の自動車部品関税政策をめぐる米中貿易紛争は実に、「激戦地域」における市場競争の縮図であると言える。

中国の自動車市場は急速な成長にともない、グローバル自動車市場で営業利益が最も高い地域ともなっている。アメリカ大手格付け機関・スタンダード＆プアーズが発表した「2008年世界自動車市場報告」によると、中国国内の自動車メーカーの平均営業利益率は30～35％と、平均5％のアメリカと欧州市場を大きく上回った。したがって、欧米自動車メーカーは中国市場を今後の最大の利益の源泉と見なし事業戦略を展開している。通常、中国は自動車部品の輸入に10％の関税を課し、完成車の輸入に25％の関税を課す。このため、一部の欧米自動車メーカーは低コストによる市場シェアの拡大、対中国の技術優位確保、完成車高関税対策のため、完全ノックダウン（CKD）あるいはセミノックダウン（SKD）方式をとり、自動車メーカーの中国現地法人が自動車部品を輸

入し、現地でこれらの部品と4つのタイヤで簡単に完成車の組み立てを行い販売する。要するに、欧米自動車メーカーはこの手法を通じて完成車の25%の高関税を免れ、中国における完成車販売の最大利益を得るだけではなく、中国における自動車生産を付加価値の低い組み立てにとどめ、付加価値と利益率が高い部分を自国に残すことを可能にしている。

2004年5月、中国国家発展改革委員会は中国自動車生産の現地調達率の向上と自動車部品産業の育成のため、「中国自動車工業産業政策」を作成、公表した。2005年1月、中国税関総署などはこの産業政策に基づき、また欧米自動車メーカーによる自動車部品輸入における高額の脱税を防ぐため、「完成車特性を構成する自動車部品の輸入管理弁法」と「輸入自動車部品の完成車構成特徴に関する認定規則」を公表した。

この「輸入管理弁法」と「認定規則」は、海外自動車メーカーの中国現地法人が中国に輸入する部品の合計価格が完成車価格の60%を超える場合、25%の関税を課すことを規定している。中国側はこの制度による「一石二鳥」の効果を期待していた。1つは欧米自動車メーカーによる自動車部品輸入・販売の際の脱税を防止することであり、もう1つは中国の自動車産業の輸入部品に対する依存度を低下させ、欧米自動車部品企業の中国投資と現地生産を促すことにより、中国の自動車部品の現地調達率を向上させることであった。中国の自動車部品関税政策の実施によって、中国市場におけるSKD方式で組み立てた完成車販売台数は、2005年の42万3,000台から、2006年の33万8,000台、2007年の11万9,000台と激減した。こうした中国の政策は欧米自動車メーカーの「利益神経」に触れ、アメリカの怒りを買うことになった。

2006年初め、アメリカ通商代表ロブ・ポートマンは「中国は自動車部品関税政策の実施を直ちに中止すべきだ。中止しない場合、アメリカは中国をWTOに提訴する」と強硬な態度で中国に警告した。これに対し、中国は現行政策の正当性を主張し、アメリカの非難に反論した。

2006年3月にアメリカはEUと連携し中国をWTOに提訴し、同年10月にはアメリカの要請でWTOパネル設置が設置された。約2年間の争いを経て、

2008年2月にWTOは中国の関税政策が保護貿易主義的なものであり、国際貿易ルールに違反しているとの裁定を下し、こうした政策を修正するように中国に要請した。しかし、中国は「WTOは先進諸国に有利な裁定を下しており、公平性に欠ける」と批判し、同年9月にWTOの上級委員会に上訴した。

　2008年に入ると、金融危機と大不況に陥ったアメリカは瀕死状態にある自動車産業を救済するため、巨額の資金を投じる法案を議会で通過させたが、自動車産業の経営悪化にともなう「大流血」は止まらなかった。アメリカのスーザン・シュワブ通商代表は「アメリカ自動車産業が直面している課題に考慮し、中国の自動車部品関税政策から成る不公平な貿易障壁を除去すべきである。中国がアメリカの輸出を不公正に制限する場合、アメリカは断固たる態度であらゆる手段を講じ制裁を課す」と中国側への圧力を強めた。アメリカは急成長している中国自動車市場の確保を、不振が続くアメリカ自動車産業を救済する唯一の道として考えていた。

　2008年12月、WTOの上級委員会が中国の自動車部品関税政策は国際貿易ルールに違反するとWTOパネルの判断を踏襲したため、中国の敗訴が事実上確定した。これは中国がWTOに加盟して以来、初めての貿易紛争における敗訴となった。これにより、中国は2009年9月1日から自動車部品関税政策を撤廃せざるをえなくなった。

　一方、WTOの紛争処理が行われた数年間において、中国の「護送船団方式」の自動車産業政策の下で、自動車部品産業の技術レベルと現地調達率の向上を図るために、貴重な時間を勝ち取ることができた。

第2章　米中知的財産権交渉:「泥棒」と「強盗」の対決

> 米中の知的財産権交渉は事実上、イデオロギー、社会の価値観と
> 文化における米中の対立と紛争であると言える。
>
> 　　　　　　　　　　　　　　　　　　　中国の経済学者　雪原

　「我々は今、泥棒と交渉している！」。1991年11月21日、ワシントンのアメリカ通商代表部において、米中知的財産権交渉を担当するアメリカ通商代表部のジョセフ・マッシー代表補は高飛車な姿勢で中国側にこう言い捨てた。

　「我々は今、強盗と交渉している！」。マッシー代表補の傲慢の態度による挑発的な発言に激怒した中国代表団団長を務める呉儀対外経済貿易部副部長（のちに副総理に就任）はきっぱりと言い返した。「あなた方の博物館の所蔵品の中に、我が中国から奪い取り不法に持ち帰った宝物がどのぐらいあるのか？　中国の国宝はなぜあなた方の手にあるのか？　これを強盗の歴史と思わざるをえない」。

　呉儀副部長からの猛烈な反撃はさらに続いた。

　「あなた方のアメリカ市場には海賊版の商品はないのか？　ここは本当に汚れのないところなのか？　あなた方アメリカはかつて世界中で有名な海賊版天国であり、欧州の知的財産権を100年以上にも盗用していたではないか？　『ベルヌ条約』が約100年もの間存在していたが、アメリカがこの公約に加盟したのは何年のことだったか？」

　欧米人がよく言う。外交交渉の場で、中国人は現実の問題で非難されると、「歴史問題」のカードを持ち出し、交渉相手に反撃する。メージャ副代表は「鉄の女」と呼ばれる呉儀副総理の気勢に圧倒された。

　これは20世紀1990年代における米中知的財産権交渉の一幕である。

1 「冷戦中の蜜月」：中国の辞書には知的財産権の説明項目さえなかった

アメリカと中国の外交交渉で、最初に知的財産権の問題を取り上げたのは中国改革開放の最高指導者鄧小平が中国政府の代表団を率いてアメリカ訪問した1979年1月のことである。

毛沢東主席とニクソン大統領の「歴史的な握手」により、米中は「冷戦中の蜜月」とも呼ばれる時期を迎え、アメリカは中国政府の副総理鄧小平の訪米を国家首脳として盛大に歓迎した。鄧小平の中国政府代表団とアメリカ政府は米中の「蜜月」関係を「演出」し、鄧小平訪米の成果として「米中科学技術協力協定」、「米中貿易協定」を締結するため、双方の交渉が行われた。だが、当初、スムーズに進められていた交渉は1つの暗礁に乗り上げた。知的財産権保護をめぐり食い違いが生じたためである。

アメリカ側は「米中科学技術協力協定」と「米中貿易協定」の草案に「協定を締結する双方は版権、特許、および商標などの知的財産権の重要性を十分に認識し、中国側がアメリカの知的財産権を全面的に保護することを約束する」との一文を盛り込むことを提案した。

これは中国側に唖然とさせた。なぜなら、文化大革命の混乱と「鎖国」の状態から経済改革と対外開放の時代に入ったばかりの中国社会と政府高官にとって、知的財産権は初耳の言葉であり、当時の中国の辞書には「知的財産権」と「版権」といった記述さえなかった。

知的財産権とは何か？　いつも4000年の歴史を持つ中華文化を自負し、4大発明で世界文明の発展に貢献したことで自慢していた中国人は、200年の歴史しか持たないアメリカ人から発明などの権利を守る知的財産権について説教を受けることになった。これ以来、知的財産権の問題でアメリカ人に叩かれ続けている。

このようにアメリカ側は知的財産権の問題をこだわったので、中国側が強く

期待した「米中貿易協定」の調印は鄧小平訪米の期間中に実現できなかった。

1989年、東西冷戦の終結にともない、米中の「冷戦中の蜜月」も短い歴史の記憶となった。実用主義のアメリカは「冷戦中の蜜月」の10年間に政治・外交、および経済貿易の分野で中国に対して「寛大さ」を見せていたが、米中の「ポスト冷戦の冷戦」の時期に入ると、政治外交分野で人権問題を持ち出し、経済貿易分野で知的財産権の問題を取り上げ、中国叩きを始めた。

2　米中知的財産権交渉の第1戦：15億ドルの貿易制裁と覚書の締結

1991年4月、アメリカ政府は中国がアメリカの知的財産権を著しく侵害したとして、中国に対する「スーパー301条」の調査を発動し、同年12月には中国からアメリカに輸入される105品目、総額15億ドルの製品に対し懲罰関税を徴収する報復リストを公表した。

「スーパー301条」とは1989年に修正されたアメリカ「包括通商・競争力強化法」の中に追加された条項の1つ。この条項に基づいて、アメリカ通商代表部は毎年、知的財産権を有効に保護していない国のリスト、および知的財産権の保護に依存するアメリカ企業に市場アクセスの機会を与えない国のリストを作成し、これらの国に対して貿易報復を行っている。

(1)　中国の4大発明は西側諸国に無償で活用されていたのに

1991年4月、アメリカ通商代表部は「外国貿易障壁評価報告書」の中で「中国がアメリカの計算機ソフト、音声、および画像製品を無断にコピーし、アメリカの医薬品の特許と化学工業製品の特許を盗用し、アメリカ人の版権と特許権を著しく侵害している」と強く非難し、中国を「知的財産権侵害の優先監視国家」に指定した。

アメリカ通商代表部のカーラ・ヒルズ代表は4月26日、ワシントンで記者会見を開き、5月から中国に対して6カ月の調査を実施し、この期間中、中国が

アメリカの期待する改善を見せなかった場合、中国から輸入される製品に対して懲罰的関税を徴収し、貿易制裁を断固として行うと発表した。

6月、アメリカ通商代表部マッシー代表補は中国側と交渉するため、アメリカ特許商標局、版権局、連邦捜査局（FBI）の専門家で構成される代表団を率いて北京にやって来た。

マッシー代表補は中国に対して知的財産権保護に関する5つの要望事項を提示した。

① 中国政府は特許法を修正し、特許の保護期限を15年から20年まで延長するほか、1993年から薬品と農薬製品に対する特許の保護を実施すること。
② 中国は著作権法を期限内に修正すること。
③ 中国は商業秘密を守る規定を作成すること。
④ 中国は1992年から「ベルヌ条約」に加盟し、外国側が版権を所有する作品を保護し、計算機ソフトを文学作品として50年間保護すること。
⑤ 中国は1993年から「ジュネーブ条約」に加盟することなど。

中国側はこれらの要望事項がアメリカ側に設定された交渉の先決条件であるとし、受け入れられないと反発した。この交渉で、中国人はまた歴史を交渉のカードに持ち出した。中国の代表はアメリカ側に次のように迫った。

「中国には少なくとも4000年の歴史がある。人類数千年の歴史の中で、発明の成果は共有され、中国の4大発明は西側諸国に無償に活用されてきた。アメリカは火薬、紙、印刷、羅針盤を使っていながら、特許費などをいくら払ってくれたのか」、「まだ1人当たりのGDPが200ドル未満の中国に、知的財産権の保護についてアメリカのようなレベルに達することを強要するのか？」。

こうして、交渉は不調に終わった。アメリカは6カ月の調査期間を設けていたので、最終期限の11月27日に、中国に対し貿易制裁を発動するとの固い決意を中国に示した。

(2) 「鉄の女」呉儀の登場

厳しい交渉が続く中、中国は対米知的財産権交渉の代表に「鉄の女」呉儀を

対外経済貿易部副部長に起用することを決定し、事態の打開を図った。11月21日、アメリカ側が設けている最終期限の11月27日のわずか6日前、呉儀副部長はワシントンで開かれる米中知的財産権の交渉、すなわち本章冒頭で紹介した「泥棒」対「強盗」の戦いに臨んだ。

　中国側はアメリカの貿易制裁の「ムチ」の前に一定の譲歩を見せたが、交渉の優位に立っていたアメリカ側が中国側から引き出した譲歩に強い不満を持ったため、11月26日に交渉の決裂を一方的に宣言した。さらに「米中の知的財産権交渉はアメリカの知的財産権保護に関する具体的な協議を達成できなかったので、アメリカは中国の総額15億ドル、106品目の製品に対して100％の懲罰関税を課す」と制裁措置の発動を表明した。ただし、アメリカは貿易制裁の発動時期を1992年1月16日に設定した。このように制裁の発動時期を遅らせたのは、中国からできるだけ最大限の譲歩を引き出そうと考えたからであった。

　一方、中国はアメリカの貿易制裁に対抗するため、小麦、農薬、飛行機を含む総額10億ドルにのぼる貿易報復を準備していると発表した。しかし、中国の本音は「天安門事件」以来、2年以上も続いていたアメリカによる中国に対する経済制裁解除を求めるため、アメリカとの貿易戦争を何としても回避したかった。そのため、1992年1月9日、呉儀副部長は中国の対米知的財産権交渉の首席代表として再びワシントンへ向かう飛行機に乗り込んだ。

　ワシントンにおける呉儀副部長とアメリカ通商代表部マッシー代表補との交渉は、1月15日まで長引き、交渉の結果は「米中知的財産権保護に関する覚書」としてまとめられた。

　米中双方は自国の利益のためにビジネス取引のように激しく「値引き交渉」をしていたので、アメリカ側が貿易制裁の最終期限に設定した1月16日になっても、「喧嘩」はまだ終わらなかった。

　このため、アメリカ通商代表部は「貿易制裁の期限を1月17日零時まで延長する」と中国側に通告したが、1月17日零時になっても米中双方は会議室にこもり、薬品と化学製品の特許保護の期限についてお互い妥協点を見出せないままでいた。中国から最大限の譲歩を引き出すため、すでに2回、貿易制裁の期

限を延長したアメリカの交渉代表は中国人を唖然とさせる行動に出た。

このアメリカ代表は会議室の時計を手に取り、その針を1月17日零時に固定した。この後、米中交渉は時間に迫られることなく続くことになった。

(3) 呉儀とカーラ・ヒルズ通商代表との合意

1月17日12時、呉儀副部長とアメリカ通商代表部のカーラ・ヒルズ代表はそれぞれの国を代表して「米中知的財産権保護に関する覚書」に調印した。この覚書の中で、中国側はアメリカ側に対して以下の内容を承諾した。

① 「ベルヌ条約」への加盟。1992年4月に立法機関に加盟の議案を提出し、1992年6月に議案を成立させ、1992年10月には世界知的財産権組織に加盟申請を行うこと。
② 「ジュネーブ条約」への加盟。1993年6月前に加盟の手続きを完了すること。
③ 「ジュネーブ条約」の文学作品保護の規則に基づいて計算機ソフトに対して50年間の保護を提供すること。
④ 「ベルヌ条約」と「ジュネーブ条約」に一致するように、中国国内の特許法などの法律を修正すること。
⑤ 特許保護の範囲を化学工業製品、薬品と食品まで拡大し、アメリカの薬品と農業化学物質製品の発明を保護すること。

一方、アメリカ側は中国側に以下の内容を承諾した。

① アメリカ貿易法「スーパー301条」に基づき中国に対して発動した調査を中止すること。
② 中国に対する「優先監視国家」の指定することを取り消すこと。

1992年にアメリカは総額15億ドルの対中貿易制裁を解除し、ブッシュ大統領は対中最恵国待遇の条件付き付与に関する議会の決議案を否決し、無条件で中国に最恵国待遇を付与した。中国は「米中知的財産権保護に関する覚書」に基づいて「ベルヌ条約」と「世界版権公約」に加盟し、特許法を修正した。修正された特許法は特許の保護範囲を薬品、化学工業製品、食品、飲料、調味料ま

で拡大し、発明と特許の保護期限を従来の申請日から15年間を20年間まで延長させている。1991年6月にアメリカ通商代表部マッシー代表補が中国に提示した知的財産権保護に関する要望事項は、ほぼ実現されたと言える。

3 米中知的財産権交渉の第2戦：28億ドルの貿易制裁と「行動計画」

1992年における呉儀副部長とカーラ・ヒルズ代表との交渉は中国の知的財産権保護の法制度をめぐり展開した戦いであったが、最終的に双方が「米中知的財産権保護に関する覚書」に調印した。これによって、米中知的財産権紛争はしばらく「戦線異状なし」の状況が維持されていたが、2年後の1994年に、戦火は再びワシントンから北京まで拡大した。このとき、呉儀対外経済貿易部副部長（1993年3月に同部部長に就任）の交渉相手はカーラ・ヒルズの後任のミッキー・カンター代表とバーシェフスキ米通商代行となった。カンター代表は呉儀部長を「手強い交渉相手（negotiator that difficult to defeat）」と呼んだ。

(1) 対中強硬派カンター通商代表の登場

1992年1月、対中強硬派と目されるカンター代表は記者会見で1枚のCDを取り上げ、「中国はまさに海賊版の天国だ。見てのとおり中国で生産された海賊版CDはアメリカでも出回っている！」、「中国は『米中知的財産権保護に関する覚書』で公約した事項を真剣に履行していない。中国によるCDとコンピュータソフトの海賊版の横行はアメリカの知的財産権を著しく侵害している。我々は『スペシャル301条（Special 301：アメリカの1974年の通商法における知的財産権に対する対外制裁に関する条款）』に基づいて中国に対する調査を発動するつもりだ」と述べた。

1994年2月に米通商代表部代表補に昇格したばかりの「中国通」リー・サンズはアメリカの知的財産権交渉チームを率いて北京にやって来た。アメリカ駐北京大使館の一等秘書官を歴任したサンズ代表補は流暢な中国語を話せるだけ

でなく、中国のいくつかの方言にも精通していた。対中交渉の場で、しばしば中国側の通訳の細かいミスを訂正することがあった。

　サンズ代表補は中国側の交渉チームに「我々の今回の目的は、中国の知的財産権保護に関する覚書で公約した事項の履行状況を調査することである」と通告すると、中国側は「中国はアメリカの1つの州ではない。我々はアメリカの調査を受ける義務が全くない」と反発。さらに、サンズ代表補が「我々は『スペシャル301条』に基づいて調査に来たのである」と強調すると、「『スペシャル301条』はあなた方アメリカの国内法である。我々はそれを認めない。交渉は『ベルヌ条約』などの国際条約に基づいて行うべきである」と中国側は譲らなかった。

(2)　北京の「秋葉原」中関村のゲリラ部隊

　この交渉の中で、アメリカ側は「中国側は1992年に米中双方が調印した『米中知的財産権保護に関する覚書』を適切に履行せず、海賊版の行為を積極的に取り締まっていないことにより、アメリカの知的財産権が中国で保護されていない。我々はこれに対して遺憾の意を表明する」とこれまでと違った角度から批判した。

　これに対し中国側は「中国は双方の覚書に基づいて特許法を修正し、『ベルヌ条約』に加盟した。中国の知的財産権の法律に規定される保護水準は国際的に高いレベルに達している」と反論した。

　「我々が遺憾と感じているのは、中国が知的財産権保護の法律をつくったが、それを真剣に履行していないことだ。法の執行において多くの問題が存在する」。このようにサンズ代表補は中国における知的財産権保護に関わる法律の執行を攻撃の標的に据えた。知的財産権保護に関わる法律の執行こそは米中知的財産権交渉の2回戦の焦点であった。

　アメリカ側が版権問題を特に取り上げ、中国広東省のCD海賊版生産拠点と北京「中関村」の違法コピーソフト販売のゲリラ部隊について、いくつかの証拠を示しながら中国側に攻撃し、「中国の海賊版CDと違法コピーソフトは毎年、

アメリカに少なくとも8億ドルの損失をもたらした」と指摘した。

サンズ代表補はアメリカのハリウッドの映画DVDと音楽CDを取り出し中国側の交渉チームに見せながら、中国の経済特区・深圳にある「深飛激光光学系統有限公司」がこれらの違法コピー品の生産者であると指摘し、同公司を含む広東省にある約30のCD海賊版生産ラインをすべて閉鎖するように中国側に迫った。

アメリカ側は中国との交渉を有利に進めるために、海賊版の映画DVDと音楽CDの生産・流通の一大基地である中国広東省で、情報・証拠収集を行った。FBIがこれらの情報収集にも関与したとも囁かれていた。

特に、米中知的財産権交渉が北京で行われた時期、北京の「秋葉原」と呼ばれる「中関村」には、アメリカ側に雇われた大学生アルバイトの「偵察チーム」が買い物客を装い至るところで情報収集しているとの噂が流れた。実際には、中国側がすでに先手を打ち、中関村で違法コピーソフトを売っていた河南省出身の農民中心のゲリラ部隊に対し掃討作戦を行ったため、約1万人いると言われたゲリラ部隊は米中知的財産権交渉の時期にはもう姿が見えなくなっていた。

(3) 中国の60億ドル購買契約のリターンは

1994年4月、アメリカ通商代表部が議会に「外国貿易障壁評価報告」を提出し、「スペシャル301条」に基づいてアメリカの知的財産権を有効に保護していない国のリストを選定する時期が来た。

この時期に合わせて、呉儀部長は200名の中国企業経営者からなる「購買・調達団」を率いてアメリカを訪問し、アメリカ企業との間で約60億ドルの購買契約を締結した。中国が巨額の購買・調達を通じてアメリカに善意を示した裏には、購買契約を得たアメリカ産業界を通じてアメリカ通商代表部の動きを牽制する目的があった。しかし、中国は60億ドルの購買・調達を通じてカンター代表の「ムチ」を買い持ち帰る結果となった。

1994年6月末、アメリカは中国を「知的財産権侵害の優先監視国」と指定し、中国に対する「スペシャル301条」調査を即時に発動することを発表した。また、

アメリカは対中交渉の最終期限を12月31日に設定し、通商代表部が総額28億ドルの対中貿易制裁リストを準備し始めた。カンター代表は中国側に次の6項目を要請した。

① コンピュータソフトの違法コピーの問題を解決し、中国政府機関、国有企業と大学のコンピュータ違法ソフトの使用状況を調査すること。
② 知的財産権製品の市場アクセスを実現させる。アメリカ企業が中国で音楽と画像製品を含む知的財産権製品の生産、流通、小売業務の展開を許可すること。
③ 中国の司法審判制度を改革し、民事訴訟法第250条を削除し、知的財産権案件の審理期限を6カ月以内とすること。
④ 版権認証制度をつくる。アメリカに指定された民間団体と業界団体が輸入される知的財産権製品に対する認証の実施を許可すること。
⑤ 商標代理制度を改革すること。
⑥ 知的財産権の関係機構に法律執行の権限を付与し、法の執行を強化すること。

中国側は「カンター代表のこれら6項目の要請は中国の国家主権を侵害するものであり、すべて拒否する」とアメリカ側を非難した。

1994年12月31日、アメリカ側は総額28億ドルの貿易制裁リストを公表し、中国から輸入される自転車、服装、靴、玩具、旅行用カバン、家電製品、および電子機器に対して100％の懲罰関税を課すと、中国側に通告した。カンター代表はワシントンで声明を発表し、「我々は1995年2月4日に貿易制裁に関する最終決定を行う。中国はこの期限にアメリカの要請を満足させない場合、アメリカは中国に対して貿易制裁を断固として実施する」と強調した。

(4) アメリカ自動車産業、中国報復の標的

カンター代表の声明が発表されてからわずか1時間後、中国政府は北京でアメリカに対する総額28億ドルを超える貿易報復リストを発表した。新年の休暇を過ごしていたカンター代表は、中国の報復対象が自動車産業まで拡大した点

に衝撃を受けた。中国は「アメリカ企業による中国における自動車合弁生産プロジェクトの申請受け付けを一時停止する」と宣言した。中国の自動車市場を開拓しようとするアメリカの3大自動車メーカーにとって、自動車合弁生産の申請が受け付けられなくなると、中国市場における欧州と日本の自動車メーカーとの競争で間違いなく不利な立場に陥ることになる。中国のこの一撃は効を奏した。ホワイトハウスは明らかにアメリカ自動車産業界からの圧力を受けた。アメリカが貿易制裁で中国を「脅迫」しながら知的財産権保護に関する最大限の譲歩を引き出す一方で、中国との貿易戦争をいかに回避するか。これはカンター代表が直面したジレンマであった。

アメリカにとって貿易制裁はあくまでも相手を「脅迫」する手段に過ぎず、最終目的は当然ながら国益を守ることであった。カンター代表はいったん、「1995年2月4日に貿易制裁に関する最終決定を行う」と内外に宣言したが、2月4日になって「貿易制裁の実施を2月26日までに延期し、その規模を当初の28億ドルから10億8,000万ドルまで縮小する」と発表した。

クリントン大統領とカンター代表はいずれも中国との貿易戦争に踏み切る決断をする勇気がなかったように思われる。カンター代表は呉儀部長に書簡を送り、交渉の再開を中国側に要請し、中国側も交渉の決裂および米中貿易戦争を避けようとした。

(5) クリントン大統領は中国との貿易戦争を回避したかった

1995年2月26日、北京。米中双方は激しい「値引き交渉」を行った結果、新たな協議書として「知的財産権の有効な保護と行使のための行動計画」を取りまとめた。この協議書に基づき、中国側はアメリカ側に対して下記の3大項目を承諾した。

① 全国範囲で知的財産権侵害製品の生産者と流通業者を取り締まり、海賊版行為を大規模に一掃すること。
② 長期的な措置をとって知的財産権の有効な行使を保障する。政府機関は合法のコンピュータソフトの購買・使用を保証する。アメリカ知的財産法

協会の中国における事務所設立、および中国における知的財産権の査察体制への参加を許可する。アメリカの知的財産権所有者に対する有効な司法救済を保障する。知的財産権の保護と関係法律の実施の透明性を保障すること。
③　アメリカの知的財産権所有者による中国市場へのアクセス機会の増加を保障する。アメリカから輸入される音声・画像製品に対して数的制限を設けない。知的財産権を生産・所有するアメリカ企業がまず広州と上海で、さらに5年後には全国で知的財産権製品を合弁生産、複製することを許可すること。

中国はまた、アメリカ側から強く求められた「深飛激光光学系統有限公司」については、同社に対する「営業停止処分」の行政命令を下したことにより、実質的にアメリカ側の要請どおり、同社は閉鎖されることになった。

中国側の承諾の代わりに、アメリカ側は中国に対する「スペシャル301条」調査と貿易制裁を中止し、知的財産権保護の分野で中国に技術援助を行うことを約束した。

1995年2月27日、クリントン大統領はホワイトハウスで次の談話を発表した。「新たな協定はアメリカ企業と労働者にとって非常に重要なものである。この協議は毎年、アメリカの高付加価値製品輸出に10数億ドルの損失をもたらす違法行為を徹底的に取り除く。これによってアメリカ人はコンピュータソフト、薬品、農産物、化学製品、書籍、および視聴製品を含む主要な産業で数千人の新しい雇用機会を得られる」。また、「この協定は中国社会のさらなる開放に役立ち、中国人により一層法律を尊重することを求めている。これにより中国人もより多くの知的財産権の機会を得ることができる」と強調した。

4　米中知的財産権交渉の第3戦：WTOパネルの「戦場」へ

「中国市場で、海賊版が横行しており、海賊版に対する効果的な司法措置が取られておらず、これはアメリカに巨額の損害をもたらしている。中国はすで

にWTOのメンバーになっているが、そのルールを遵守する義務を果たしていない」。2002年3月、アメリカの国際知的財産権同盟（International Intellectual Property Alliance）は通商代表部に提出した報告書の中で、「中国の知的財産権保護がWTOの『知的所有権の貿易関連の側面に関する協定（TRIPS）』に違反している」と指摘し、中国に対する「サイクル外審査（Out-of-Cycle Review）」を行うと同時に、中国をWTOに提訴するように提案した。

2005年4月、アメリカ商工会議所（U. S.-Chamber of Commerce）は「中国はWTO加盟から3年経たにもかかわらず、知的財産権保護が『TRIPS』に定められた基準に達していない。アメリカ政府はWTOパネル設置を要請すべきである」とアメリカ産業界を代表して政府に進言した。アメリカ産業界と知的財産権保護団体の圧力の下で、アメリカ通商代表部カラン・バティア次席代表は「我々は知的財産権の問題で中国と交渉してきたが、なかなか効果が見えてこない。我々の忍耐力はすでに限界にきている」とWTOに中国を提訴する意向を示した。

また、アメリカ通商代表部代表に就任したばかりのロブ・ポートマンは「アメリカ製造業のために公平な競争機会を勝ち取ることは自分の使命であり、より強い姿勢で中国との知的財産権交渉に臨む」と固い決意を示した。同年10月、民主党下院院内総務であったナンシー・ペロシ（現米国下院議長）をはじめとする下院財政委員会の委員はブッシュ大統領に書簡を送り、「世界中どこにも中国のようにアメリカの知的財産権を侵害する国はない。中国市場においてアメリカのソフトの違法コピー率は90％以上、アメリカにもたらす損失は毎年20億ドル、版権侵害による損失は毎年25億ドル、さらに自動車産業の贋物部品による損失は毎年120億ドルに達している」と訴え、中国の知的財産権の国際ルールに違反する行為について、WTOに直ちに提訴するよう強く要請した。こうして、アメリカの主導で、米中の知的財産権交渉はWTOという新しい「戦場」に移り変わった。アメリカが対中知的財産権交渉の中で「スペシャル301条」調査と貿易制裁といった一方的な脅迫的な手法から、WTOの紛争処理メカニズムといった多国間で調整・処理を進める手法に変えたことについて、中国側

は自国の勝利と見なし、新たな「戦場」における戦いにも自信に溢れた姿勢を見せていた。

アメリカは知的財産権をめぐり主に2つの問題について、中国をWTOに提訴した。1つは知的財産権保護であり、もう1つは映画と音楽ソフトを含むアメリカの知的財産権製品の中国市場アクセスの問題である。

(1) 知的財産権保護の訴訟：米中とも勝利宣言

2007年4月10日、アメリカは中国の知的財産権保護の法制度がWTOの「TRIPS」と「ベルヌ条約」に違反しているとし、WTOの紛争処理メカニズムによる対中交渉を要請した。

2007年6月、訪米中の呉儀副総理（2003年3月に同ポストに就任）はワシントンで開催された米中貿易委員会を含む6団体によるレセプションで講演し次のように述べた。「アメリカが知的財産権保護における中国の非常に大きな進歩を無視し、この問題で中国をWTOに提訴したことは、両国の指導者の対話を通じて問題の解決を目指すとする共通認識に違反し、双方の知的財産権分野における協力に厳重な影響を及ぼした。中国はWTOの規則に沿いアメリカに挑発された戦いに最後までおつき合いする」。

アメリカは中国の知的財産権保護について次の3つの問題でWTOのルールに違反していると告発した。

① 中国の著作権法がその「内容審査・検閲」の基準に合致していない製品の著作権を保護しないこと。
② 商標権を侵害している製品が税関で押収されたのち、その商標を取り消してから再び流通チャネルに入ること。
③ 中国の法制度において商標権侵害製品と偽造品は特定の数量と価値を超えた場合に、初めて刑事処罰の対象となること（すなわち、刑事追訴の基準が甘いこと）。

2007年6月、米中はジュネーブで2国間交渉を行ったが不調に終わったため、同年8月、アメリカはWTOパネルの設置を要請した。そして同年10月、WTO

パネルが正式に設置された。

　１年後の2008年10月、WTOパネルは米中双方に「アメリカの一部勝訴とする」との中間報告を示し、2009年１月には最終報告を公表し、アメリカの２勝１敗、中国の１勝２敗とする裁定を下した。

　パネルの最終報告の中で、アメリカが告発した３つの問題に関する裁定結果は次のように示された。

　①については、「ベルヌ条約」5.1条款とWTO「貿易と関連する知的財産権協定」第41.1条に違反していると裁定。

　②については、「貿易と関連する知的財産権協定」に違反し、アメリカに利益の喪失と損害をもたらしたと裁定。

　③については、アメリカの主張は立証が不十分として支持できないと裁定。

　WTOパネルはまた、「中国はアメリカ製品の知的財産権の著しい侵害に無関心すぎる。……WTOのメンバーとしての義務を果たすように知的財産権保護の法制度を改善すべきである」と勧告した。

　「これは重要な勝利だ」。2009年３月、アメリカ通商代表部代表に新たに就任したロン・カークはパネル最終報告を歓迎するとの声明を発表し、「最終裁定は中国の知的財産権法制度が不十分であることを指摘し、WTO加盟の責任を果たしていないことを示した。アメリカはあらゆる手段を使って中国がWTO加盟の公約を守るように取り組む」と述べた。

　一方、中国メディアも中国の勝利宣言を大きく報道した。新華社は「中国とアメリカの知的財産権WTO紛争案、パネルはアメリカの主張の大半を却下」というタイトルで報道した。また、中国商務部はニュースレターでパネル最終報告が「アメリカの大部分の主張を却下し、中国の知的財産権制度を広範に評価した」と伝えた。

　米中の知的財産権をめぐるWTO紛争、勝者は一体どちらだったのか。

(2)　アメリカ映画・音楽製品の中国市場アクセスの訴訟：ソフトパワーの対決

　「中国の文化市場にアメリカのオオカミがやってくる！」。2009年８月、アメ

リカ映画・音楽ソフトの中国市場アクセスをめぐる米中の紛争に対し、WTOパネルが下した中国敗訴の裁定について中国メディアはこのように報道した。

「WTOパネルの裁定はオバマ政権の貿易分野における対中国政府初勝利である」とアメリカメディアは報道した。「この裁定はアメリカの合法の知的財産権製品が中国市場にアクセスの公平な機会を確保する重要な一歩であり、アメリカのイノベーション産業の1つの大きな勝利でもある」とアメリカ通商代表部のロン・カーク代表は対中訴訟を勝ち取った意味を強調した。

アメリカ映画・音楽ソフトの中国市場アクセスをめぐる紛争は米中間の貿易紛争というよりも、むしろ勃興する「大国」中国と没落する「帝国」アメリカとのソフトパワーの初対決であり、中国にとってアメリカ文化の侵入から中華文化を守る戦いでもあると言える。

2006年11月、アメリカ商務省のカルロス・グティエレス商務長官は「中国がアメリカ映画の輸入本数を制限することは中国市場における海賊版の映画音楽ソフトの横行を招いた」と指摘し、中国側にアメリカの文化娯楽企業に対する市場開放を要請した。

また、シュワブ代表は、「中国はWTO加盟以降も、映画館で上映するアメリカ映画の輸入本数を年間わずか20本に制限している。これは中国人がアメリカ映画を密輸し、海賊版DVDを買う原因となっている。我々はこの問題をWTOに提訴するつもりである」と中国に警告した。アメリカ通商代表部の発表によると、中国市場における海賊版の横行がアメリカの映画・音楽ソフト業界に28億ドルもの被害をたらしたという。

2007年4月、アメリカは映画・音楽ソフトの中国市場アクセスの問題をWTOに正式に提訴した。同年6月、米中双方は2国間の協議を行ったが、失敗に終わった。「不幸なことは中国との2国間協議で問題解決の方法が見つからなかった。我々の次の行動はパネルの設置を要請することだ」とアメリカ通商代表部のショーン・スパイサー報道官は声明を発表した。同年10月、アメリカはWTOパネルの設置を要請した。これと同時に、EUと日本は第三者の権利を保留すると宣言した。

2008年3月、WTOはアメリカの要請に応じてパネルを設置した。1年後の2009年8月、WTOパネルは報告書を発表し「中国はアメリカの映画と音楽および出版物の中国市場アクセスを不公平に制限した。……すべての娯楽製品の輸入が国有の流通チャンネルによって行うことを規定する中国の現行政策は、WTOのルールと中国のWTOに加盟する公約に違反している。……知的財産権製品の輸入を制限し、知的財産権製品の輸入が国有企業の流通チャンネルしか利用できない現行政策を修正すべきである」と指摘した。だが、この一方で、パネル報告書は中国政府によるアメリカの知的財産権製品に対する内容検閲の権利を認めるとしている。

2009年9月、中国はパネルの裁定結果を不服とし、WTO上級委員会に控訴した。控訴の理由は「公共道徳を守るため」であった。

中国側は「知的財産権製品がビジネスの価値を持つと同時に、文化価値も持っている。したがって、知的財産権製品の貿易に対する管理体制が一般のものの貿易の管理体制と異なるはずである」と中国の管理体制の正当性を主張した。さらに、「社会的公共道徳を守るため、輸入される知的財産権製品に対する内容検閲は正当な権利である」と指摘した。しかし、WTOの上級委員会はパネルの裁定を維持するとの最終裁定を下したので、中国の「公共道徳」という例外的な主張が否定されることになった。

アメリカ映画・音楽ソフトの中国市場アクセスをめぐる紛争での敗訴は、中国がこれらのソフトに対し映画・音楽と出版物の文化市場を開放しなければならないことを意味している。しかも、WTOパネルの裁定は中国の文化市場の法体制と管理体制の改革を促す外圧となり、中国はこの裁定に従い、少なくとも10の法律を修正しなければならなくなった。アメリカのソフトパワーを象徴するハリウッドの映画、ウォルト・ディズニーのテレビ、音楽、本、キャラクターグッズ、つまり「アメリカのオオカミ」が中国の文化市場に大挙して進出する時代が訪れるのだろうか。

第3章　米中通貨交渉:「人民元大国」と「ドル帝国」のパワーゲーム

> 中国が人民元を意図的に安くして輸出製品の競争力を向上させた結果、アメリカの製造業は過去3年間に270万人の雇用機会を失った。
>
> 　　「健全なドルのための連盟（Coalition for a sound Dollar）」

> 私は新たな基軸通貨を創造する必要があるとは考えていない。ドルが依然として強いことを強調したい。
>
> 　　オバマ大統領

1　「城下の盟」：2005年7月21日、人民元切り上げの真実

「2005年7月27日に、人民元切り上げを促すため、中国からの輸入商品に27.5％の報復関税を課す法案について採決を行う」。

　2005年6月23日、アメリカ上院金融委員会は米中経済問題について公聴会を行い、1カ月後の7月27日に対中制裁法案の採決を行うことを正式に決定した。この法案が予定どおりにアメリカ上院で採決が行われた場合、3分の2の賛成多数を得て成立することはほぼ確定していた。上院金融委員会のこの決定は中国に対する期限を区切った「最後の通告」であった。人民元切り上げをめぐる米中の攻防戦で、アメリカは遂に人民元防衛線の「万里の長城」城下まで迫り、中国は不利な情勢に追い込まれ、まさに非常事態に陥った。

(1)　シューマーとグラム両上院議員の対中制裁法案

　緊張感が高まりつつある中で、非常事態を回避するため、アメリカ財務省、

アメリカ連邦準備制度理事会（FRB）と中国財務省、中国人民銀行との間で緊急の交渉が行われた。また、米中双方の最高指導部をつなぐトラックⅡ（非政府間・民間レベル）の対話チャネルもすぐさま動き出した。そして、数日後、非常事態を打開する転機が見えてきた。

2005年6月30日午後3時、中国から「確約」を取りつけたアメリカ財務省のジョン・スノー長官とFRBのアラン・グリーンスパン議長は突然揃って議会を訪れ、対中制裁法案の提出者である民主党のチャールズ・シューマー上院議員と共和党のリンゼイ・グラハム上院議員と秘密裡に会談を行い、対中制裁法案の採決先送りを懸命に説得した。

そして2時間後、すなわち6月30日午後5時、シューマーとグラハム両議員は「7月27日に予定される対中制裁法案の採決を一時中止する」とメディアに発表した。シューマーとグラム両議員は「スノー長官とグリーンスパン議長の情報によると、中国は今年秋、胡錦濤国家主席の初訪米に先立ち人民元の切り上げを必ず実施する。彼らはこの情報を確信している。これは我々にとって重要な意味を持つメッセージである」と述べたうえで、「しかし、我々は法案採決の保留権を依然として持っている。もし中国側が何も行動を起こさなければ、法案の採決は必ず行われる。我々はすでに2年以上待たされた。忍耐力はもはや限界にきている」と警告した。

7月13日、アメリカ商務省は2005年5月の米中貿易統計データを公表した。この統計データによると、5月のアメリカの対中貿易赤字は158億ドルに達し、月間の赤字規模として過去最高を記録した。このデータは対中強硬派議員の「人民元攻撃」に新たな「弾薬」を提供することになった。翌日の7月14日、民主党のチャールス・ランゲル下院議員は「2005年中国との公平貿易法案」を提出し、同法案が下院を通過したのち90日間以内に、アメリカ通商代表部が中国の人民元為替制度に対して特別調査を発動するよう要請した。

同日、共和党のフィル・イングリッシュ下院議員は「アメリカ貿易権利促進法」を提出し、同法案が下院で成立したのち60日間に、アメリカ財務長官は中国の為替操作実施の有無について報告書を議会に提出し、報告書が提出された

のち30日間以内に、人民元を意図的に安くした割合と同程度の関税を中国から輸入される商品に上乗せするように要請した。

(2) 人民元防衛の「万里の長城」：穴が開かれた

　5日間後の7月18日、ブッシュ大統領はホワイトハウスで談話を発表し、「アメリカ政府は人民元為替政策について中国政府との間に有効なコミュニケーションをとっている。我々は固定的な為替政策の改革が中国の利益につながると中国政府を説得することができた」と明らかにした。

　この談話発表から3日後の2005年7月21日、中国人民銀行は国務院の承認を得て「人民元為替レート形成メカニズム改革に関する公告」を発表した。これと同時に、中国人民銀行は同日からアメリカドルを含む複数の通貨対象に連動する通貨バスケット方式を採用し、管理変動為替相場制度を実施すると宣言した。7月21日午後7時からドル対人民元の為替レートを従来の1ドル＝8.275元から1ドル＝8.11元へと調整し、実質的に人民元の2％切り上げを実施した。人民元防衛の「万里の長城」はアメリカの猛烈な攻撃で遂に「1つの穴が開けられた」。

　アメリカのシューマーとグラハム両上院議員は「中国政府の決定は歴史的に重要な一歩であるが、完全に市場による為替レート形成の目標まではまだ道のりは長い。我々は今後の状況の推移を見守りながら、対中制裁法案の取り扱いを考えていく」と、声明を発表し、「城下の盟」によって人民元の切り上げを促した最初の成果を強調した。

　一方、7月23日、中国人民銀行の周小川総裁は「人民元為替制度の改革は中国の自主的な政策によるもので、他国との交渉の結果実施することになったのではない」とさまざまな憶測を否定した。

2　人民元の攻防戦：最初に発砲したのは日本だった

　「グローバルな中で同じ仕組みになっていただくことが経済の国際化にも資

する。異分子の存在は好ましくない。そうならないようにしてもらいたい」。

2003年1月22日、財務省の官僚はこのように述べた。小泉内閣の塩川正十郎財務大臣は日本国会の答弁で、中国を「異分子」として名指し、人民元がドルに固定されている中国の為替政策を批判した。さらに、2月にパリで開催される先進7カ国財務相・中央銀行総裁会議（G7）で人民元為替政策の問題を取り上げ、欧米各国と検討する意向を示した。

(1) 塩川正十郎大臣の登場

2003年2月、パリで開催されたG7で、塩川大臣は人民元為替政策の問題を検討することを提案したが、理由は定かではないが、他の国に相手にされず、これが議題に取り上げられることもなかった。アメリカと欧州の関心は主にイラク戦争とその世界経済情勢への影響に向いているようだった。「塩川正十郎はG7の多国籍軍を組織し人民元防衛の万里の長城を攻撃しようとしたが、イラク戦争に専念していた欧米6カ国は日本側の呼びかけに応じなかった」と中国の外交専門家は分析した。

「靖国参拝」で日中の政治・外交関係が悪化している中、小泉内閣の主要閣僚が中国の「主権」問題といわれる人民元為替政策を攻撃し、G7の場で人民元切り上げの検討を提案したことは中国を著しく刺激した。

「塩川正十郎の提案は意地の悪い政治的作戦だ」。2003年3月、中国共産党機関紙『人民日報』は特集記事を組み、「日本が人民元切り上げを槍玉に」という小見出しで塩川大臣の「攻撃的な言論と行動」を紹介・分析した。また、日本の黒田東彦財務官が2002年12月2日にイギリスの日刊紙『フィナンシャル・タイムズ』に寄稿し、中国が世界にデフレを輸出しているとし、人民元の切り上げを実施すべきと主張したことも、中国のメディアに取り上げられた。

「日本経済の低迷が長引く中、中国だけが一人勝ちしている状況に対し、嫉妬の気持ちで一杯ではないか」、「経済運営の失敗、無謀な経済対策こそ日本経済がデフレから脱却できない原因である。塩川財務大臣は自分の失敗を中国の所為にして日本国民の不満を中国に向けさせ、反中感情を煽っている」と中国

の日本問題専門家は分析した。また、「小泉内閣は日米同盟の強化という大義名分の下で対米従属の政策を取っており、人民元為替政策の問題を取り上げてブッシュ大統領の機嫌を取ろうとしている」と中国の外交専門家は指摘した。

「人民元の攻防戦で最初に発砲したのは日本だった」。これはすでに人民元為替政策改革の歴史を分析・紹介する中国の学術論文と著作の中で、1つの見解となっている。

(2) スノー財務長官、遂に発言

アメリカ政府が人民元為替レートの問題について正式に言及したのは2003年7月のことであった。2003年6月、アメリカの対中貿易赤字が前の月の99億9,000万ドルから113億4,000万ドルへと約14％拡大し、月間の対中貿易赤字が初めて100億ドルを突破した。また、中国はすでに3年連続で日本に代わりアメリカにとって最大の貿易赤字国となった。これに対し、全米製造業者協会は「中国が人民元を意図的に安くして輸出製品の競争力を向上させた結果、アメリカ製造業が過去3年間に270万人の雇用機会を失った」とする非難声明を発表した。2006年6月29日、アメリカ産業界の約80の団体から構成される「健全なドルのためのアメリカドル連盟（Coalition for a sound Dollar）」はワシントンで集会を開き、通商法「301条」に基づき、人民元の切り上げを中国政府に迫るよう、アメリカ政府に要請した。これらの圧力を受け、アメリカ財務省のスノー長官は「人民元切り上げ」という言葉の使用を避けつつ「中国政府が人民元為替レートを市場に連動した柔軟なものにすることを支持する」と発言した。

3　第2の「プラザ合意」を回避、中国の「G7」会合欠席の戦術

「2004年10月1日、ワシントンで開催されるG7に中国財政部の金人慶部長と中国人民銀行の周小川総裁をゲストとして招待したい」。アメリカ財務省のスノー長官とFRBのグリーンスパン議長は中国政府に、ワシントンG7への

出席を促す招待状を送った。

(1) 「金融・経済マフィア」からの招待状

「G7」は中国で「富国俱楽部（金持ち国クラブ）」と呼ばれている。これまで、この「富国俱楽部」は中国を含めた発展途上国を無視して世界金融情勢と経済動向を論議し世界金融と経済の方向性について意思決定を行ってきた。このため、「富国俱楽部」は世界経済における「金融・経済マフィア」とも呼ばれている。

「金融・経済マフィア」にワシントン「G7」にゲストとして招待された中国は、参加するか否か、さらにワシントンG7で人民元為替政策が論議された場合、初参加の中国代表はその場でどのように対応すればよいのか、こうした点をめぐり相当に迷ったようである。そして2004年9月29日、中国政府は「アメリカの招待に応じ、財政部の金人慶部長と中国人民元銀行の周小川総裁を派遣してワシントンで開催されるG7に参加する」と発表した。

アメリカ側が設定したスケジュールに従い、中国代表とG7との初の非公式の対話は2004年10月1日の晩餐会の際に行われた。2時間にわたり行われた対話の中で、G7側が人民元切り上げおよび人民元切り上げのスケジュールについて中国側に圧力をかけ、人民元包囲網を強めた。これに対し、中国側は「専守防衛」の姿勢を取り、人民元為替制度の改革を推進し、人民元為替レート形成メカニズムの改善という目標に向けて前進することは承諾したが、人民元為替制度改革のスケジュールの提出は拒否した。アメリカ側が発表した「先進7カ国財務相・中央銀行総裁と中国財政部部長・人民銀行総裁との会合に関する声明」によると、「G7各国の財務大臣・中央銀行総裁と中国の財政部部長・人民銀行総裁は非公式会合を通じて、相互の関心事項である広範な経済問題についてオープンかつ有益に率直な意見交換を行った。とりわけ、G7各国の財政・金融政策、アジアの経済見通し、および為替レートの柔軟性について意見交換した。この会合が統合の進む世界経済の課題と機会について、より一層の理解の共有化を図るうえで実効的な方法であるとの認識で一致した」。この声

明の中で「人民元切り上げ」という言葉を使わずに、「為替レートの柔軟性（exchange rate flexibility）」というソフトな表現で中国の人民元為替制度の改革を論議したことを明らかにした。晩餐会ののち、周小川総裁は「アメリカ財務省とFRBが我々の努力を理解しており、彼らが我々に新しい圧力をかけなかった」と記者に語った。にもかかわらず、中国は依然として人民元切り上げの国際的圧力の大きさを実感せざるをえなかった。

　実際に、中国のワシントンG7への参加から、人民元切り上げのカウントダウンはスタートした。

　2005年2月、イギリスのブラウン財務大臣は金人慶部長と周小川総裁にロンドンで開かれるG7に招待した。中国政府がこれに応じG7との非公式の対話に臨んだ。中国のG7会合への出席は2回目となった。欧米と日本のマスメディアは、ロンドンG7において人民元切り上げ問題が取り上げられ中国に対する圧力が強まるのではないかと予想していたが、結局、G7の為替に関する声明は「過度な変動や無秩序な動きは望ましくない」、「柔軟性に欠ける国や地域ではさらなる柔軟性が望ましい」という2004年10月のワシントンG7と同様にソフトな表現を踏襲することになった。周小川総裁は「人民元為替レートの問題は今日の議題ではなかったと」記者の質問に回答し、金人慶部長は「G7と活発な論議ができた」と述べた。

(2) 第2のプラザ合意のわな：ワシントンG7欠席のゲリラ戦術

　2005年4月、アメリカ財務省のスノー長官とFRBのグリーンスパン議長は中国財政部の金人慶部長と中国人民銀行の周小川総裁に招待状を送り、4月15日にワシントンで開かれるG7への出席を要請したが、金人慶部長と周小川総裁は北京で出席しないことを内外に発表した。金人慶部長と周小川総裁はG7主催国の招待に応じ、2004年10月のワシントンG7と2005年2月のロンドンG7に2回連続出席したが、この3回目の招待を辞退した。これはなぜだろうか。

　2005年3月以降、アメリカ議会は人民元切り上げを促すため、中国からの輸

入商品に27.5%の報復関税を課す法案を準備しており、アメリカ政府による人民元為替制度改革への圧力も強まる一方だった。中国側は、このような厳しい情勢の下でワシントンＧ７に出席すれば、自ら欧米と日本の「人民元包囲網」に入り込み「第２のプラザ合意」に強引に調印させられるリスクが非常に高いと判断した。Ｇ７欠席は一時的に「人民元包囲網」から脱出する戦術でもあった。「敵が前進したとき、敢えて後退する」のは毛沢東が得意としていたゲリラ戦術の１つである。2005年当時、中国の総合的国力はまだ比較的に弱く、Ｇ７の場で欧米と日本に対抗できる力を備えておらず、欠席について「Ｇ７から逃げた」と非難されても仕方がない状況であった。結局、2005年４月15日のワシントンＧ７では、中国が欠席したため人民元為替の問題は議題に上らず、世界原油価格や貧困国家の債務問題について議論しただけであった。

　しかし、中国には「躱得了初一，躱不了十五（元日に逃れることができても、十五日は逃れられない）」という諺がある。国際社会における人民元切り上げをめぐる圧力と忍耐力が限界に近づいていることを、中国政府ははっきり認識していた。2005年４月23日、周小川総裁は中国・海南島で開催された「ボーアオ・アジアフォーラム」で講演し、「外部からの圧力が強まっていることは必ずしも悪いことではない。これにより改革を進める中で我々に緊迫感を持たせ、改革のスピードアップを促すことになる」と述べた。周小川総裁のこの発言は中国が人民元切り上げをまもなく実施するメッセージとして捉えられ、人民元切り上げが秒読み段階に入ったとする見方が強まった。

(3)　５月大型連休直前、人民元切り上げの予備演習

　中国は人民元切り上げを自主的に実施するため、周到に準備しさまざまな戦術を展開した。

　中国の５月大型連休直前の2005年４月29日午前、これまでドルに固定されていた人民元為替レートは突然異常に変動した。異常に変動したのはわずか20分間であったが、１ドル＝8.2765元から8.2700元へと切り上がった。世界為替相場もすぐさまこの異常な動きに敏感に反応した。これは中国人民銀行が人民元

切り上げを実施するための「予行演習」であった。

そして5月大型連休明けの5月11日、『人民日報』の英語版ウェブサイトに「人民元の切り上げは今週中に実施される」とする新華社の記事が転載され、再びグローバル為替相場に衝撃を与えた。中国人民銀行は直ちにこの報道を否定する声明を発表したが、これも人民元切り上げを実施に向けた「予行演習」であった。

2005年5月の大型連休をはさみ、2回の「予行演習」を行い自信満々の中国財政部の金人慶部長と中国人民銀行の周小川総裁は、イギリス政府の招待に応じ2005年6月10日にロンドンで開かれたG8に参加した。金人慶部長とアメリカ財務省のスノー長官はロンドンで秘密裏に会談を行い、スノー長官は中国からアメリカ上院のシューマーとグラハム両議員を説得するための「確約」を得たと見られる。

そして、2005年7月21日、シューマーとグラハム両議員は中国の人民元切り上げを歓迎する声明を発表することになった。2006年3月、シューマーとグラハム両議員は北京を訪問し、中国政府と直接人民元為替制度改革について意見交換を行った。

4 「ミスター元」周小川：人民元の「専守防衛」からドルへの反撃へ

「中国はドルを基軸通貨とする国際通貨システムの改革を提案している。あなた方はこの提案をはっきりと拒否できるか？」。

2009年3月24日、アメリカ下院金融委員会の公聴会で、ある下院議員がガイトナー財務長官とバーナンキFRB議長にこう質問をした。

「私はこれを必ず拒否する」とガイトナー財務長官は答えた。

「FRB議長は？」と下院議員はバーナンキ議長に回答を求めた。

「私もこの提案の受け入れを拒否する」とバーナンキ議長は答えた。

2003年以降、アメリカの財務長官とFRB議長は米中の通貨交渉で人民元為

替政策の改革を中国の財政部部長と中国人民銀行総裁に迫り、G7の場では人民元包囲網を固めていた。

(1) 周小川総裁、主動的反撃の好機をつかんだ

中国に「十年河東、十年河西（10年経てば情勢が一変する）」という諺がある。人民元攻防戦で「専守防衛」に徹していた中国が2009年3月から、ドルへの猛烈な反撃を仕掛け始めたため、アメリカのガイトナー財務長官とバーナンキFRB議長は一転して人民元攻撃から一生懸命にドルの防衛に努めることになった。これは米中通貨交渉の形勢を変える歴史的な瞬間であった。

ドルへの反撃を仕掛けたのは「ミスター元」と呼ばれる周小川中国人民銀行総裁である。中国の「太子党」の1人と目される周小川総裁は1970年代に北京化学工業大学を卒業し、北京自動化研究所で技術系の職に従事していた。1985年に清華大学経済学部で博士号を取得し、翌年中国共産党に入党した。その後、政府系シンクタンクの所長を務め、1986年から1989年までの3年間、対外貿易部の「部長助理（大臣補佐）」として米中知的財産権交渉に関わった。1991年から、金融分野に転身し中国銀行副総裁、国家外貨管理局長、中国人民銀行副総裁、中国証券監督委員会主席などを歴任。2002年に中国人民銀行総裁に就任して今日に至る。周小川総裁は中国政府において唯一、外国専門誌に英語論文を寄稿し、国際会議でスピーチを英語で行うことができる学者タイプの高級幹部とされている。「人民元は自由交換へ向かう」と題するプランを発表したため、「ミスター元」と呼ばれるようになった。

(2) 「ミスター元」から「ミスターSDR」へ、ドル覇権への挑戦状

2009年3月、「ミスター元」周小川総裁は1週間のうちにドルに反撃する3つの論文を相次いで発表した。

まず2009年3月23日に「国際通貨体系の改革に関する思考」と題する論文を発表した。この中で、アメリカ発の金融危機が国際通貨体系の内在的な欠陥とシステムのリスクを明らかにしたうえで「創造的改革と現行の国際通貨体系の

改善を通じて、国際基軸通貨の改革を価値の安定、秩序のある供給、総量コントロールが可能な方向に推進し、グローバル経済と金融システムの安定を維持すべきである」と指摘。さらに「主権国家と無縁で、通貨の長期的な安定を保つことができる国際基軸通貨を創造し、主権信用通貨が国際基軸通貨とする欠陥を回避することは、国際通貨体系改革の理想的な目標である」と強調した。周小川総裁は国際通貨基金が発行する「特別引き出し権（SDR）」を理想的な国際基軸通貨と考えている。要するに、この論文はドルの国際基軸通貨としての支配的地位を「特別引き出し権」に移し換えることを主張している。周小川総裁はこの論文の発表によってメディアから「ミスター SDR」の称号を与えられた。

　2009年3月24日には、「貯蓄率の問題に関する思考」と題する論文を発表した。この論文は主に次の6つの内容から構成されている。すなわち①貯蓄率に影響を及ぼす要素、②東南アジア諸国と産油国の貯蓄率が高い複数の要因、③アジア金融危機による東南アジア諸国貯蓄率への影響、④中国の貯蓄率の調整、⑤アメリカ家庭の低い貯蓄率に関する考察、および⑥貯蓄率調整が可能な選択肢である。この中で「経済学の教科書では供給と需要の価格関係について、為替レートと金利が貯蓄と消費の行動を左右すると連想させる分析がある。しかし、貯蓄率の変化は多くの要素と関係している。したがって、名義為替レートの調整を通じて貯蓄率を大幅に変えると単純に考えることはできない」と指摘。また「アメリカの貯蓄率低下は1990年代から始まっており、中国の貯蓄率上昇は2002年以降のことであり、両者の相関関係は明らかになっていない」とし、中国の貯蓄率不均衡が金融危機の原因であるという論調に反論した。最後に、貯蓄の視点からドルを外貨準備高の通貨とする現行システムの欠陥を指摘し、「国際通貨体系の改革を推進することは貯蓄率を調整する有力な選択肢である」と強調した。

　さらに2009年3月26日、「マクロとミクロのプロシクカリティの転換に関するさらなる検討」と題する論文を発表した。中国のマクロ経済刺激策について「すでに効果が現れ、経済が悪化する局面を基本的に回避した」と分析し、「中

国が内需拡大を通じて経済の安定的な成長を維持している」と指摘。また、「世界主要国の経済刺激策を総合的に比較した結果、中国政府の経済運営能力と意思決定力は独特の優越性を持っている」と強調した。

周小川総裁の論文は次の3つのメッセージを送った。1つ目はドルの覇権地位への挑戦。2つ目は金融危機の原因を中国の貯蓄率不均衡に求めるアメリカの論調に対する反論。さらに、3つ目は金融危機後の世界経済秩序の再構築における中国の発言権の拡大である。このように、大国として台頭する過程において、自ら国際金融体制における地位を求めるのは必然的なことと言える。

(3) 「ドル帝国」は揺らぎはじめた

1週間のうちに発表されたこの3つの論文は、中国国内から多大な支持を得た。中国のポータルサイト「新浪ネット」が2009年4月に「主権を超えた基軸通貨でドルの覇権に終止符を！」をテーマにウェブ調査を実施した。全国の36万4,396人の回答者のうち、89.9％が「主権を超えた基軸通貨でドルの覇権を終結させる」に賛成したのに対し、反対したのはわずか6％であった。また「金融危機の中、FRBがドル札を印刷して国債を売ることは他国の利益を侵害しているか」という質問に対し、「そう思う」と答えたのは95.3％、「わからない」と答えたのは2.5％、「そう思わない」と答えたのはわずか2.2％だった。さらに、「アメリカにある中国資産は安全だと思うか」という質問に対し、「そう思う」と答えたのは7.3％、「そう思わない」と答えたのは73.2％、「わからない」と答えたのは19.4％だった。

周小川総裁は「世界経済はドルに依存すべきでないと警鐘を鳴らした」ことにより、アメリカ外交専門誌『フォーリン・ポリシー』の「2009年世界情勢に最も影響を与えた思想家100人」の第9位に選出された。

2009年12月10日、周小川総裁は「今年3月に新たな国際基軸通貨の提案を打ち出したのは、中国の高い貯蓄率と貿易不均衡を批判する論調に反撃するためだった。金融危機の原因を中国政府の政策に求めるのは誤りである。中国人民銀行は外国為替市場に頻繁に介入していない。国際的要素が人民元為替レート

の安定性に影響を及ぼしている」と述べた。

　一方、周小川総裁が相次いで発表した論文はアメリカに衝撃を与えた。「国際通貨体系の改革に関する思考」と題する論文が中国人民銀行のウェブサイトに掲載された翌日、すなわち2009年3月24日にガイトナー財務長官は「私はこの提案にオープンだ」と発言したのを受け、ドルがユーロと円に対し一時急落したため、長官が慌てて「ドルは基軸通貨として強い」と言い直す事態が発生した。そして、その日の夜、オバマ大統領はテレビ番組の出演で、「新しい国際基軸通貨を創設する必要があると考えていない」、「アメリカ経済とドルに対する信頼性に基づき、私はドルが今でも依然として強いことを強調したい」と述べた。アメリカ大統領がテレビ番組で通貨の問題について語ることは異例であるといえる。ドルの基軸通貨としての地位は当面維持されていくと見られるが、アメリカが金融危機による不況に陥る中で、反撃の好機をつかんだ周小川総裁の論文の影響を受け「ドル帝国」が揺らいでいることは間違いない。

第二部　中盤：米中「呉越同舟」への対話

第 4 章　第 1 回米中戦略経済対話：構造協議の枠組みづくりへ

　　　　　　米中双方は全局的、戦略的、長期的な経済問題について効果を生む深い議論を行い、両国経済の均衡の取れた成長を実現できるマクロ経済政策の実施、例えば、中国の為替レート形成メカニズムの改革やアメリカ国内貯蓄率の向上促進について承諾した。
　　　　　　　　　　　　アメリカ駐中国大使館「第 1 回米中戦略経済対話状況の説明」

1　ポールソン財務長官と米中構造協議の提案

　「アメリカと中国とのハイレベル対話のメカニズムを構築したい」。2006年 8 月21日、ブッシュ大統領は胡錦濤国家主席に電話をかけ、米中構造協議の枠組み構築を提案した。これについて胡錦濤国家主席は「中国とアメリカとの経済関係の緊密化にともない、双方の経済分野における対話を強化することは両国の経済貿易合作、米中の建設的協力関係に役立つだけでなく、世界経済成長にもプラスの影響を与えることができる」と答え、ブッシュ大統領の提案に応じた。

　2006年 9 月19日、ヘンリー・メリット・ポールソン財務長官はブッシュ大統領の特別顧問として北京を訪れ、中国の呉儀副総理と米中戦略経済対話（U.S.-China Strategic Economic Dialogue）メカニズム構築について協議した。翌20日に「米中戦略経済対話メカニズムのスタートに関する共同声明」を発表した。この共同声明では、米中戦略経済対話では主に米中がともに関心を持つ問題、 2 カ国間の経済問題、およびグローバル経済戦略に関連する問題を話し合うほか、対話は毎年 2 回交互に両国の首都で行い、第 1 回は2006年12月22日に

北京で開くことを明らかにした。この米中戦略経済対話の枠組み構築を最初に考案したのは、2006年9月にブッシュ大統領の特別顧問として北京を訪問したポールソン財務長官であった。

「ウォール街の大物実力者」として知られるポールソンは、中国の温家宝総理に「中国の老朋友（古い友人）」と親しみを込めて呼ばれた人物である。ポールソンが最初に中国大陸を訪問したのは1992年であった。それ以来、ポールソンが中国を訪問した回数は延べ70回にも上る。2003年に北京がSASRS（重症急性呼吸器症候群）危機に見舞われ、外国人が我先にと北京から脱出しようとしていたとき、ポールソンがゴールドマン・サックスの会長兼最高経営責任者（CEO）として敢えて北京を訪問したことは、中国側に特に称賛されている。中国共産党機関紙『人民日報』はポールソンを「艱難の中現れた英雄」と称えた。ポールソンはまた中国の名門大学である清華大学経済管理学院の諮問委員会の委員長を務め、ゴールドマン・サックスと清華大学との提携事業を推進していた。さらに、アメリカ大自然保護協会のアドバイザーとして江沢民国家主席の協力を得て中国雲南省で「米中雲南省西北地域自然保護プロジェクト」を展開し、自然保護対象地域の状況を把握するため、夫人と娘をともない10数キロを歩き道路もない山村に入り、電気も通っていない少数民族の民宿に泊まったこともあった。

2006年7月、「中国の老朋友」であるポールソンはブッシュ大統領から財務長官の就任要請を受けた。ポールソンは当初、ブッシュ大統領の要請をやんわり断った。なぜなら、ブッシュ政権で財務長官を務めたポール・オニールとスノーの両氏がホワイトハウスの意思決定層から外され、減税政策の「セールスマン」のような役回りを担わされ、2人とも面白くないと不満に思っていたからである。これはスノーの辞任の一因でもあった。野心満々のポールソンはブッシュ政権減税政策の「セールスマン」になる気はなかった。

しかし、ブッシュ大統領は諦めずに、ポールソンをホワイトハウスに招待し、時間をかけて説得した。ブッシュ大統領はポールソンが財務長官に就任した場合、国内外の経済政策の意思決定権、および国務長官並みの権限を与えると約

束した。大統領の約束に魅力を感じたポールソンは遂に年俸3,820万ドルのゴールドマン・サックスの会長兼最高経営責任者（CEO）を辞任し年収わずか20万ドルの財務長官の就任要請を受諾することを決意した。ポールソンの決意に感動したブッシュ大統領はホワイトハウスから徒歩で財務省ビルに赴き、ポールソンの就任式に出席した。大統領はポールソンについて「豊富なビジネス経験、経済情勢を正確に判断する能力を持っている。私の国内経済と国際経済政策の首席顧問として国民のため適切な政策を打ち出し、アメリカ経済の繁栄を引き続き維持してくれるだろう」と述べた。

ポールソンは2010年1月に出版された回顧録『オン・ザ・ブリンク（瀬戸際）』に、自分の財務長官就任についてこのような出来事を記している。2007年4月20日、ブッシュ政権からの財務長官就任の要請を拒否したポールソンは国際通貨基金本部で周小川中国人民銀行総裁と会った。周小川総裁は私的会談をしたいと、ポールソンに要請した。それで、二人は他人が盗聴できない場所を探してそこで次の会話をした。「あなたは財務長官に就任すべきだ」と、周小川総裁は言った。「私はしない」と、周小川総裁の情報入手の速さに驚いたポールソンが答えた。「あなたはきっと後悔すると思う」と、周小川総裁は言って、また、次のように述べた。「私は一生、政府のために仕事をする人間です。あなたは公共精神を持つ方で、現在の情勢の下で、あなたが能力を発揮できることはたくさんある」。

実際に、「中国通」のポールソンはアメリカの対中政策の主導者になる野望を持っていた。2006年7月に財務長官に就任してから1カ月後、ブッシュ大統領に米中構造協議枠組み構築を進言した。ポールソンは、米中間で次官クラス級の貿易、知的財産、人民元為替政策、市場開放などの交渉が分野ごとにばらばら行われている状況では、アメリカ側が期待するような成果はなかなか出にくいと感じていた。特にブッシュ政権はそれまでの6年間、アメリカ議会の圧力の下で、焦点を人民元切り上げの問題に絞り短期的な成果を求めて中国と困難な交渉を進めていたが、問題が全く解決されていないと対中強硬派の議員たちは苛立っていた。ポールソンから見れば、貿易不均衡の問題は中国のマクロ

経済政策や市場開放などの国内政策と深く関連しており、人民元為替政策は中国の金融政策に密接につながっている。要するに、米中間の経済貿易の諸問題は基本的に中国の経済構造による総合的なものなのである。分野ごとに複数のチャンネルを通じて行われているばらばらの米中交渉を総合的構造協議の枠組みの中に統合すれば、戦略的な次元および長期的な視野から全面的かつ効果的な問題解決が期待できる。また、中国の文化をよく理解しているポールソンは、国力を強めてきた中国に一方的に圧力をかける厳しい「交渉」よりもソフトな「対話」の方は効果が出やすいので、米中の間にハイレベルの総合的・構造的な対話メカニズムを構築する必要があると考えた。

　ポールソンは「我々が直面している最大のリスクは中国がアメリカを超えることではなく、中国が経済成長を維持するために必要な改革を停止することである」と指摘。さらに「人民元為替レートの問題を個別に取り上げる交渉手法の代わりに、この問題を中国の経済改革と市場化の大局に置いて中国と協議するべきである」と主張した。また、米中構造協議を通じて、まず貿易不均衡の是正、中国の市場開放、エネルギー安全保障、環境保全などの分野について総合的な協議を行うべきであると考え、ブッシュ大統領と主要閣僚を説得した。

　2006年8月、ブッシュ大統領は直ちにポールソンの提案を受け入れ、彼を大統領特別代表に任命し、米中構造協議枠組みづくりの任務を担当させた。同年9月19日、特別権限を授与されたポールソンは中国と協議するため、北京を訪れた。この日、人民元為替相場は1ドル＝7.9450元となり、2005年7月に切り上げを実施して以来、最高値を更新した。これは「中国の老朋友」ポールソンを歓迎するために打ち上げられた「花火」であった。

2　米中政府の「経済閣僚懇談会」

　2006年12月12日、ポールソンはブッシュ大統領の特別代表として米中戦略経済対話に参加するアメリカ政府の高官たちを率いて北京に入った。ポールソンは自分がアメリカ政府の「最大かつ最高レベルの部門を横断するワーキンググ

ループ」を中国に連れてきたと自画自賛した。このワーキンググループには、アラン・ハバード大統領補佐官（経済担当）、中国系アメリカ人のイーレン・チャオ労働長官、商務長官、FRB議長、通商代表、エネルギー長官、保健福祉長官が含まれていた。

　北京でポールソンのワーキンググループを待っていたのは、米中知的財産権交渉で「我々は強盗と交渉している」と発言した「鉄の女」呉儀副総理だった。「鉄の女」と「ウォール街の大物実力者」はその後2年にわたり米中構造協議の場で「対局」することになった。

　呉儀副総理は胡錦濤国家主席の特別代表として対米協議を主導することになった。中国チームには国家発展改革委員会の馬凱主任、外交部の李肇星部長、商務部の薄熙来部長、財務部の金人慶部長、中国人民銀行の周小川総裁、情報産業部の王旭東部長、および農業部と衛生部の部長がいた。

　このように米中両国政府の主要経済閣僚が一堂に会し互いに関心のある問題について広く協議を行うことは、過去に例がない。「米中の高官たちが膝を交え互いに相手の意見を聞くこと自体大きな意味がある。これは1つの重要なプロセスである」とアメリカのメディアは評価した。一方、アメリカ議会の対中強硬派はポールソンのワーキンググループの北京行きについて疑問を持っていた。「ポールソンが多くの経済閣僚を連れて中国に行ったものの、何の成果もなく帰国したら、議会に火を点けるようなことになる」と対中強硬派のシューマー上院議員は『ニューヨーク・タイムズ』紙の取材に答えた。この米中戦略経済対話は本当に効果があるのか、コミュニケーションを通じて相互理解を深めることが目的であれば、米中政府の「経済閣僚懇談会」になるではないかと批判的声もあった。「ポールソンがボーイング社の航空機数機を中国に売ったことをクリスマスのプレゼントとして持ち帰り、議会に成果報告することは多分許されないだろう」とアメリカのメディアは皮肉を込めて論じた。

3　第1回米中戦略経済対話の成果

　ポールソンはアメリカ議会からの圧力を実感していた。北京を訪れる前、対中強硬派で知られるシューマーとグラム両上院議員と会い米中戦略経済対話の構想を説明し理解を求めた。「私はおそらくシューマーとグラム両上院議員を失望させるだろう。彼らは私が北京から重要な成果を持ち帰ることを過度に期待している。しかし、物事は長期的、総合的に考える必要があると私は思う。私とブッシュ大統領はいずれも保護貿易主義の立法を支持しない」と会見後にポールソンは語った。このように、議会の対中強硬派を説得することは決して容易なことでない。また、中国政府を説得することも容易なことではない。

　「中国は『調和のとれた社会』に向かっている。調和のとれた社会を実現するためにはさまざまな課題がある。我々は中国にアメリカの社会保障、労働力の流動性と透明性、柔軟な財政支出に関する経験と教訓を喜んで提供する」。

　「中国通」のポールソンは米中戦略経済対話の開幕式のスピーチで、胡錦濤国家主席の「調和のとれた社会の構築」というスローガンから言葉を選び、アメリカの制度を中国人に売り込んだ。そして「中国経済の均衡の取れた発展を実現するため、中国は競争性の高い公開された市場による為替レートを決定するメカニズムを必要とする」とポールソンは議会の対中強硬派を念頭に置き中国に対し「説教」を始め、矛先を中国の経済政策に向けた。

　「中国はすでにグローバル経済のリーダーになっている」。ポールソンは中国人にはほめる手法が有効と考え、スピーチの中で中国を称賛した。中国が自国はアメリカと同様に「グローバル経済のリーダー」であるという見方を受け入れれば、アメリカと同じような責任を共同で分担することができるはずだとポールソンは考えた。圧力をかけるよりも、ほめあげて責任を果たさせる方が、効果が期待できると認識していた。

　さらに「アメリカは中国が成功を収めることを期待している。繁栄しかつ安定した中国、グローバル経済でリーダーシップを発揮できる中国はアメリカの

利益に深く相関している」とポールソンは述べた。温家宝総理はポールソンのこのスピーチが米中関係にとって「画竜点睛（最も大切な部分に手を加えて仕上げをした）」と評価したが、一部の中国人は「これはほめ殺しではないか」と古い友人の発言に警戒心を募らせた。にもかかわらず、中国がポールソンと同じように、米中戦略経済対話という新しいプラットフォームを必要としていたのは確かであった。

第1回米中戦略経済対話は「中国発展の道と中国経済発展の戦略」をメインテーマに据え、「中国経済の持続的発展」、「都市部と農村部の均衡の取れた発展」、「貿易と投資の促進」、「エネルギー」、「環境と持続的発展」の5つの分野、合計11の議題について議論を行った。

アメリカ駐中国大使館が公表した「第1回米中戦略経済対話状況説明」では次のように示された。「米中双方は全局的、戦略的、長期的な経済問題について効果を生む深い議論を行い、両国経済の均衡の取れた成長を実現できるマクロ経済政策の実施、例えば、中国の為替レート形成メカニズムの改革やアメリカ国内貯蓄率の向上促進について承諾した。我々は知的財産権の有効な保護、法治の強化、および貿易と投資障壁除去を通じて開放的で競争性を備えた市場を建設する重要性を認識している」。

米中はまた、金融、エネルギー、航空などの分野で2国間協定を締結した。これにより、中国側はニューヨーク証券取引所とナスダックの中国における事務所設立を承諾し、アメリカ側は中国の汎アメリカ開発銀行への加盟、および「未来発電計画」政府指導委員会への参加に対する支持を表明した。両国はサービス業、医療、投資、透明性の向上、エネルギー、環境など6大戦略分野を向こう6カ月間の重要な任務として取り組むことを確定し、2007年5月にワシントンで第2回米中戦略経済対話を行うことを決定した。

第5章　第2回米中戦略経済対話：中国が金融市場と内陸部航空市場を開放

> 中国はすでにアメリカ人の経済グローバル化恐怖症の象徴的存在となっている。中国政府はアメリカ国民と議会の声をよく聞いてほしい。
>
> ポールソン長官

1　呉儀副総理VSナンシー・ペロシ下院議長：虎と龍の闘い

「中国はすでにアメリカ人の経済グローバル化恐怖症の象徴的存在となっている。中国政府はアメリカ国民と議会の声をよく聞いてほしい」。

2007年5月22日、ポールソン財務長官はブッシュ大統領の特別代表として、第2回米中戦略経済対話の開催式で胡錦濤国家主席の特別代表を務める呉儀副総理に対しこのように厳しく要請した。ワシントンで開かれる第2回米中戦略経済対話に参加するため、呉儀副総理は17名の大臣を含む167人の中国政府代表団を率いアメリカに訪れた。「中国政府の17省庁の大臣がワシントンに集まることは史上初めての出来事である」とポールソン長官は感激した。

ポールソン長官は呉儀副総理のため、下院議員との会合2回、上院議員との会合3回をそれぞれ設定した。呉儀副総理との会合に参加する議員は合計68名で、ペロシ下院議長とシューマー上院議員など大半が対中強硬派議員であった。ワシントンで開かれる第2回米中戦略経済対話に参加する「鉄の女」呉儀副総理は難しい両面作戦に直面していた。1つはポールソン長官をはじめとするアメリカ政府との、もう1つは議会の対中強硬派議員との「戦い」である。

アメリカ議会はすでに呉儀副総理に対する攻撃の準備を整え待ち構えていた。

5月18日、アメリカ上院金融委員会が全員署名の形で呉儀副総理宛ての書簡を公表した。この中で呉儀副総理に対し人民元切り上げ、知的財産権保護、WTO加盟時の公約の履行、アメリカ産牛肉の輸入、アメリカ環境技術の導入に関する5項目の特別要求を提出した。「米中戦略経済対話が中長期目標を集中的に議論することは正しいかもしれないが、これらの目標の達成は現在短期的に重要な行動を取ることを必要としている。短期的に重要な行動をとらなければ、長期的な目標達成は不可能であり、両国の関係も阻害される」と上院金融委員会は呉儀副総理に警告した。

　「呉儀副総理が議会に赴きペロシ議長と会談するのは、まるで虎の口に入っていくようなものだ」。アメリカのメディアは、呉儀副総理は対中強硬派のペロシ議長との会談で、その気勢に圧倒されるではないかと予想した。

　しかし、呉儀はアメリカ商工会議所が主催した晩餐会で、ペロシ議長との会談時の心境を次のように紹介し、満場の喝采を博した。「私はこの報道を読んだ。中国で私の生まれ年の干支は寅（虎）であり、『虎の口』とは私の口ではないか。全然怖いと思わなかった。私は堂々とペロシ議長に会いに行った。私の自信は中国経済の実力によるものだ。ペロシ議長に会うやいなや『私があなたと会うのは虎の口に入るようなものだ』と話すと、ペロシ議長は『私の生まれ年の干支は辰（龍）』だと返した。中国では龍と虎とは相容れない存在であり、『龍虎闘（龍と虎が顔を会わせれば必ず闘うこと）』となる」と。

　「米中間の経済・貿易の問題の政治化に断固反対する」、「国内問題で相手国を非難し、自国の主張を相手に強引に押しつけないでほしい」と若いころブルドーザーの運転手を経験したことのある呉儀副総理は、議会の対中強硬派の厚い壁を押し倒した。

　一方、ロシア文学作品を好んで読む呉儀副総理は対話開幕式のスピーチで、対米協議に対する柔軟な姿勢をのぞかせ次のように述べた。「中国は人民元為替レートの柔軟性を向上させる意欲を持っている」、「我々はアメリカ側とともに有効な措置を講じ米中貿易不均衡の問題を解決する。これには中国のアメリカからの輸入拡大とアメリカの対中輸出の拡大が含まれる」。

偶然かもしれないが、第2回米中戦略経済対話の開幕前日、人民元為替レートは1ドル＝7.6551元に上昇し、初めて1ドル＝7.66元の大台を突破した。そして、対米貿易不均衡是正に取り組む誠意ある姿勢を見せるため、中国商務部の馬秀紅副部長が率いる「中国買い付け団」はアメリカの25都市を回り、対話開幕式の前日まで、アメリカ側と合計326億ドルの買い付け契約を締結した。

アメリカ側も緊張緩和のために、対話プログラムの設定にあたりさまざまな工夫をした。第2回米中戦略経済対話の開幕式で、ポールソン長官は中国人のご機嫌を取るために、わざわざ「中国人民の老朋友」と呼ばれるキッシンジャー元国務長官に挨拶の言葉を述べてもらった。キッシンジャー元国務長官は「我々は台頭する中国を必要としている」と述べ、呉儀副総理をはじめとする中国の高官たちに対しアメリカの友好的な姿勢を示した。

2　中国金融行政の4人の首脳も同行

第2回米中戦略経済対話に参加する中国政府の高官のうち、最も注目されたのは中国金融行政の「一行三会」の4人のトップである。「一行三会」の「一行」は中央銀行である中国人民銀行、「三会」は中国証券監督管理委員会、中国銀行監督管理委員会と中国保険監督管理委員会を指す。「一行三会」の4人のトップは中国人民銀行の周小川総裁、中国証券監督管理委員会の尚福林主席、中国銀行監督管理委員会の劉明康主席、中国保険監督管理委員会の呉定富であった。

第1回米中戦略経済対話で、ポールソン長官は人民元為替レートの問題が中国の金融システムに深く関連しており、中国金融システムの改革と金融市場の開放を促すことが、この問題を根本的に解決する方法であるという持論を展開していた。このため、ポールソン財務長官は銀行業、証券、保険、基金管理と資産運用管理の市場開放で中国に迫っていた。また、アメリカ上院金融委員会は呉儀副総理に書簡を送り中国金融市場の自由化を要請した。アメリカ側からの人民元切り上げと金融市場開放の圧力を対応するため、呉儀副総理は中国金

融行政の「一行三会」の4人のトップをワシントンに連れてきた。2007年5月ごろ、ドル相場が対ユーロと円で大幅安となり、人民元切り上げ圧力が一層強まっていた。中国金融行政のトップが揃って対米協議の最前線に臨む狙いは、人民元防衛および中国金融市場の開放をめぐる交渉を行うと同時に、ドル安政策の見直しをアメリカ側に迫ることにあった。それまでの金融市場開放の交渉は、はアメリカ側が中国に市場開放のさまざまな要請を打ち出し、中国側が抵抗しながら譲歩をするパターンとなっていた。第2回の同対話では、中国側が金融市場開放の公平性、平等性を求め、アメリカ側に拒否されていた中国銀行、建設銀行と招商銀行のアメリカ支店開設について交渉し、アメリカ金融市場の対中国開放を要請した。

3　第2回米中戦略経済対話の成果

「第2回米中戦略経済対話では、金融と非金融サービス業、エネルギーと環境、イノベーションと知的財産権、中国の輸出削減と内需拡大という4つのテーマを集中的に論議する」。アメリカ財務省はメディアに第2回対話の内容をこう公表した。

当時のアメリカ側の狙いは、対話を通じて中国の市場開放を加速させ、アメリカの対中輸出を拡大することにより、中国側からの大きな譲歩を引き出すことであった。「米中間の貿易不均衡は我慢できない状態にきている。アメリカの対中輸出の拡大は問題解決の1つの方法でもある」とポールソン財務長官は強調した。第2回米中戦略経済対話の成果を見るかぎり、アメリカ側のこの狙いはほぼ実現されたといえる。

アメリカ財務省が公表した「第2回米中戦略経済対話の状況説明」によると、米中はともに次の新たな原則を認めた。

① 経済の安定的成長を促進し持続的発展を実現することは、双方の共通の責任であること。
② イノベーションが経済の繁栄に重要な役割を果たすことを認め、市場主

導の公平な競争、有効な知的財産権保護、特に中国小企業のイノベーション促進を奨励すること。
③ 協力を通じてそれぞれのエネルギー安全、省エネルギー、エネルギー効率の目標を達成し、クリーンエネルギー開発、環境保護、気候変動への対応における協力を強化すること。
④ 透明性について協力と交流を進め、市場参入者のために予見性を向上させ、米中経済に対する信頼性を強め、透明性に関わる国際義務を果たすこと。

第2回米中戦略経済対話の成果として、アメリカ側に強い競争力を持つ金融市場の開放において、中国側は次のように譲歩した。
① 中国は2007年下半期から証券会社設立の許可業務を再開すること。
② 向こう6カ月間、条件を満たす合弁証券会社の業務範囲の拡大を許可し、証券仲介業務、資産管理業務を許可すること。
③ 適格海外機関投資家（QFII）の総投資限度額を300億ドルに引き上げること。
④ 人民元リテール業務の資格を持つ外資系法人銀行が中国の銀行クレジットカード業務と技術基準に従って人民元建て銀行クレジットカードの発行を許可すること。
⑤ 外資系保険支店の子会社化申請を許可し、中国保険監督管理委員会は申請中の案件に対し、2008年8月1日前に審査を完了すること。

また、アメリカ側の要請に応じて、金融以外のサービスと貿易の分野で、中国側は中国航空市場の開放を約束し、2011年までにアメリカに対する航空便数と貨物便航路の制限をすべて解除し、中国中部地域の航空運輸市場をアメリカに開放するほか、2010年に新しい航空交渉を開始すること。

さらに、エネルギー環境分野で、米中は今後15の炭鉱ガスの回収と再利用のプロジェクトを建設し、クリーン石炭技術と二酸化炭素回収貯蓄技術の開発と市場化について政策支援を行うことを約束した。

「第2回米中戦略経済対話の状況説明」は向こう6カ月間の任務についてこ

のように規定した。

① 中国側は外貨管理体制を改革し、人民元為替レート形成メカニズムをさらに改善し、市場供給の役割を発揮して為替レートの柔軟性を向上させること。

② アメリカ側は長期的財政責任を強化し、国民の貯蓄を奨励する新たな措置を講じること。

③ 米中双方は衛生保険サービスと貿易と雇用統計の分野における合作を強化することを同意すること。

④ 中国の団体観光客のアメリカ観光に便宜を図るサービス提供について2カ国協議をスタートすること。

⑤ 中国の市場経済地位の問題について協議を行うこと。

⑥ 第3回米中戦略経済対話をスタートするに際し、中国側は外資企業が中国で企業年金サービスを提供する申請と許可プロセスを簡素化させること。

⑦ 米中双方は戦略石油備蓄について交流を行い、エネルギー、環境保護、グリーン発展と気候変動の分野で交流と協力を推進し、二酸化炭素排出削減に関する戦略的研究を推進すること。

第6章　第3回米中戦略経済対話：米中食品安全48時間通報制度の構築

> 有効な食品安全と製品の品質管理は米中貿易関係に長期的な影響を及ぼす。
>
> ポールソン前財務長官

> 病気になると、中国人は中国医薬を、西洋の人は西洋医薬を好んで服用する。このような習慣は米中が「貿易不均衡」という病気の治療の際、意見の不一致を招いた。……西洋人は中国医薬を信用していないので、我々が病気になると、すぐ手術しようと強引に提案する。
>
> 周小川中国人民銀行総裁

1　米中食品安全紛争

「食品安全の問題は第3回米中戦略経済対話で最初に取り上げられるテーマとなる」。

2007年12月8日、ポールソン財務長官はテレビの討論番組に出演し、「まもなく中国で開かれる米中戦略経済対話の場で、アメリカ社会で関心が高まっている中国産食品の安全性の問題について中国側と協議する」と明らかにした。さらに「有効な食品安全と製品の品質管理は米中貿易関係に長期的な影響を及ぼす」と述べた。

「アメリカのペット、触らぬ神に祟りなし」、「アメリカは中国の製品を『妖魔化』にしている」、「これは保護貿易主義の新しい動向だ」。2007年7月17日、中国国家品質監督検験検疫総局（国家質検総局）の李長江局長は北京で開かれ

た「品質安全監督管理会議」でアメリカの動向を批判したうえで、次のように述べた。「今年春、アメリカ『メラミン混入ペットフード事件』は海外のマスメディアが中国産食品と輸出製品の品質安全に対する悪質な報道を招き、「中国製品脅威論」が巻き起こった。アメリカをはじめとする一部の国は、我が国から輸入する食品と日用品に対して一連の輸入制限の措置を取っている。こうした騒ぎは敵意と悪意に満ちた攻撃となっている」。

アメリカの「メラミン混入ペットフード事件」は2007年春に発生した。数カ月間で中国産のコメタンパク質入りのペットフードを食べたペット1,000匹以上が中毒を起こし、死に至るケースもあった。事件の原因を調査したアメリカ食品医薬品局はその中国産のコメタンパク質から汚染物質メラミンを検出したため、アメリカのペットフード販売会社はペットフードの大量リコールを行った。さらに、アメリカ食品医薬品局は中国からのコメタンパク質の輸入をすべて停止し、中国に調査チームを派遣したが、数週間にわたり入国を拒否された。

その後、「メラミン混入ペットフード事件」の波紋はついに人間が口にする食品にも及び、メラミンが中国産の人間向けの食品にも混入されているではないかという懸念が広がった。アメリカ食品医薬品局は中国産食品に対する輸入警報を出し、6月20日には中国から輸入された養殖のえびと5種類の魚から使用禁止の動物用医薬品の残留物が検出されたため、これらの水産品をすべて確保し輸入禁止の措置を取った。これに対し、中国国家質検総局はアメリカ食品医薬品局との電話協議で「個別の企業の水産品には確かに品質の問題があるが、中国から輸入される水産品に対して一様に自動留置や輸入禁止の措置を取られることを、中国は認めることはできない」と抗議した。

一方、アメリカ側は中国の対応を厳しく批判した。議会は食品安全に関する公聴会を開催し、食品医薬品局の対応が不十分だと指摘し、強力かつ全面的な対応措置を取るようにブッシュ政権に強い圧力をかけた。こうした事態を受け、ブッシュ大統領は輸入製品の安全性を検査するため、保健福祉省長官をリーダーとする特別プロジェクトチームを設置することを命じた。アメリカ農務省はニューヨークのチャイナタウンにおいて中国輸入食品に対する一斉検査を実

施した。アメリカメディアは「中国がアメリカの食品安全規定に違反している最もひどい国である」と非難した。

一方、中国のメディアはアメリカが「中国製品脅威論」を煽っていると反発した。中国当局は当初「メラミン混入ペットフード事件」が食品安全の問題というよりも、米中貿易紛争の問題であると認識していた。その後中国国内の「毒牛乳事件」で失脚することになる国家質検総局の李長江局長も、このような認識を持つ高官の代表であった。

「毒牛乳事件」発生後、温家宝総理は中国を訪れた500名のアメリカ企業経営者に対し次のように述べた。「最も重要なのはこの事件から教訓を学ぶことである。製品の品質、特に食品安全を確保しなければならない。なぜならこれは人々の健康と生命に関わっているからある。人々の健康と生命を犠牲にして企業の利益と経済発展を求めることは絶対しない」。また「中国は中国製品の品質と食品安全の状況を根本的に改善する。中国から輸出される製品、特に食品は国際的な基準に達するだけでなく、輸入国の要請に対応しなければならない。我々は努力してこれを実現させる」と約束した。

中国国家質検総局は遂に問題企業に対する取締り強化をスタートさせ、中国国内の180カ所の食品工場を閉鎖した。これらの食品工場で生産された食品は2万3,000件の食品安全問題を引き起こしたという。また、新華社は中国国家食品薬品監督管理局（国家薬監局）の元局長・鄭篠萸が職務怠慢と収賄罪で死刑に処されたと報じた。

2　さらば、呉儀副総理

2007年12月12日、第3回米中戦略経済対話は北京の人民大会堂という政治的な場所の代わりに、北京から45キロ離れた河北省香河の「中信国安第一城」で開かれた。この「中信国安第一城」は明朝時代の北京城（北京市街）を手本に建設された一大観光名所である。数百年前、北京城の9つの城門と街が再現されたこの観光地には世界一流レベルのホテルと国際コンベンションセンター、

および4つの9ホールのゴルフ場がある。中国側は第3回対話の開催場所を「中信国安第一城」と発表した直後、アメリカ側は中国がもう戦略経済対話メカニズムに「疲労感」を感じているのではないかと推測した。

確かに、人民元為替レートや貿易不均衡などの以前からの難問に加え、食品安全という新たな問題でまたあれこれと説教され、嫌な気持ちで一杯になる。しかも、前2回の米中戦略経済対話では、アメリカ側は中国から金融市場と内陸航空市場の開放などで譲歩を引き出し、得るところが多かったにもかかわらず、まだ不満を抱いたままでいた。一方、中国側は収穫が少なく、犠牲が多かった。対話・協議の場で、アメリカ人終始が圧力をかけ、説教者として振る舞うのに対し、中国人は圧迫され、「成績が良くない生徒」として応じていた。このような対話は中国人にとって面白くないのは当然である。特に、アメリカは中国の知的財産権保護の法制度が国際ルールに違反しているとの理由でWTOの紛争処理メカニズムによる対中交渉を要請した。対話をしながら訴訟を起こすというアメリカ人の行動パターンは、中国人には理解し難く、自分の面子が潰されたと感じていた。

北京という政治の中心から離れて、「中信国安第一城」という観光名所で米中戦略経済対話を行うことは、アメリカに対する不満を表しているとアメリカのメディアは分析した。また、中国がクリスマスと中国春節（旧暦正月）の期間中、アメリカ映画の上映を禁止するとの噂が流れていたため、アメリカ通商代表部は対話開始前に、この件について毎日のように中国側に確認したが、米通商代表と商務省長官とも中国から回答を得られなかった。

「1年2回の米中戦略経済対話は目の前の問題さえ解決できない。ただの米中経済閣僚の懇談会ではないか」とアメリカ議会の対中強硬派は対話の効果に疑問を持つようになり、対話の発案者であるポールソン財務長官への圧力を強めた。忍耐力が限界に達しているかのように見えたポールソン長官は12月11日、呉儀副総理と最後の「戦い」を行うため、「中信国安第一城」を訪れた。呉儀副総理は翌年3月に引退することを表明していた。「私はアメリカ交渉チームを代表し、まもなく引退する我々のパートナー呉儀女史に感謝の意を表したい。

彼女は中国人民の優れた代表である」とポールソン財務長官は心から賛辞を送った。

3　米中食品安全48時間以内通報メカニズムのスタート

食品安全と製品品質の問題は第3回米中戦略経済対話の主要テーマとなり、米中双方は食品、薬品、医療製品、および日用品の輸出に対する有効な政府監督、法制度の整備と強化、情報の共有について協議した結果、6つの覚書を締結した。
① 食品と飼料に関する中国国家質検総局とアメリカ保健福祉省との覚書（2007年12月11日）
② 薬品と医療製品に関する中国国家薬監局とアメリカ保健福祉省との覚書（2007年12月11日）
③ 環境保護基準に基づいた輸出と輸入に関する中国国家質検総局とアメリカ環境保護局（EPA）との覚書
④ 食品安全について、中国国家質検総局とアメリカ農務省との大臣クラス協議メカニズム
⑤ 酒とタバコ類に関する中国国家質検総局とアメリカ財務省との協力覚書
⑥ 玩具、花火、ライター、殺虫剤などの製品の品質に関する米中協議

米中双方は特に、食品安全に関する情報の共有と監督管理の協力について協議を行い、食品安全と製品品質に関する通報メカニズムの構築を合意し、「米中の食品、飼料安全に関する協力協議」を締結した。この協議に基づいて、米中双方は公衆衛生に脅威を与える事件、製品の安全、製品のリコールの事件、消費者に対する詐欺行為、および食品安全に関わる突発事件が発覚した場合、48時間以内に関連情報を相手国に通報し、通報を受けた国は5日以内にフィードバックを行い、相手国に事件に関わる企業と関係者の情報を速やかに提供する。また、中国側は指定された製品について、対米輸出をしている国内企業をすべて登録し、生産から輸出までの一連のプロセスにおいてその製品に対して

追跡的検査を行うことを約束した。アメリカ側は中国に食品安全の監督管理に関する技術支援を行うことを約束した。さらに、米中双方は「米中の食品・飼料安全に関する協力協議」の調印から1カ月以内にワーキンググループを設立し、作業計画の作成をスタートすることを合意した。

4　第3回米中戦略経済対話の成果

　第3回米中戦略経済対話の主要テーマは「経済グローバル化のチャンスをつかみ、経済グローバル化の課題に挑む」であった。この主要テーマに基づき、アメリカ側は「繁栄し平和的な中国の台頭を歓迎し、世界銀行と国際通貨基金（IMF）における発言権拡大に関する中国の要望を支持し、そのグローバルレベルの利益を支持する」と表明した。その代わりに、「責任を果たすグローバルな経済パワーとなること」、「経済成長パターン転換の加速」、「新たに協力を恒常的に実施」を中国側に要請した。中国側はアメリカからの「国際責任説」の押しつけを警戒し、「経済改革の加速化」の要請による人民元切り上げの圧力に抵抗した。

　中国人民銀行の周小川総裁は「中国の経済改革のスピードが遅い。スピードアップすべき」とするアメリカの主張に反論し、次のように述べた。「病気になると、中国人は中国医薬を、西洋の人は西洋医薬を好んで服用する。このような習慣は米中が『貿易不均衡』という病気の治療の際、意見の不一致を招いた」、「中国医薬では1つの処方で多くの生薬が配合される。しかも、中国医薬は『頭が痛い場合に頭を治療し、足が痛い場合に足を治療する』のではなく、総合的治療の必要性を強調する。中国医薬による治療は効果が出るまで長い時間を要する。西洋人は中国医薬を信用していないので、我々が病気になると、すぐ手術しようと強引に提案する」。

　第3回米中戦略経済対話には食品安全、貿易一体化、経済の均衡の取れた発展、エネルギー、金融改革、環境と持続的発展の6つのテーマが設けられた。

　米中双方が公表した「第3回米中戦略経済対話の共同状況説明」によると、

米中双方は金融市場の開放、エネルギーと環境保護、および経済の均衡の取れた発展という3つの分野で協議を行い、一部で合意に達した。

金融市場開放の分野では、中国側は以下の内容を承諾した。

① 条件を満たす外国投資企業と外資系銀行による人民元建て株式の発行を許可すること。
② 条件を満たす上場企業による人民元建て社債の発行を許可すること。
③ 中国証券監督管理委員会は外資による中国の証券会社への資本参加について検討を行い、外資による中国の証券会社への資本参加の持ち株比率について政策の提案を行うこと。
④ 中国銀行業監督管理委員会は外資による中国系銀行への出資について科学的研究を行い、2008年12月31日前に研究を完了すること。

アメリカ側は中国招商銀行によるアメリカ支店設立の申請を許可し、中国系銀行のアメリカにおける業務の展開に対して国民待遇を実施することを約束した。

エネルギーと環境保護分野では、米中双方はバイオマスの燃料化に関する協力を強化する覚書を締結し、中国全土で電力業界の二酸化硫黄排出取引プロジェクトの実施を準備し、アメリカ側がこれに技術的支援を行うことを約束した。

経済の均衡の取れた発展という分野では、米中双方が対話と協議を通じて米中間の経済・貿易不均衡の問題を対処し、貿易と投資の保護主義に反対することを強調した。

「第3回米中戦略経済対話の共同状況説明」は向こう6カ月間の作業について、次のように規定した。

① 新しい協力メカニズムを通じて食品と消費者安全、飼料、医薬品、医療製品など分野の協議とコミュニケーションを強化すること。
② 今後10年間に広範な協力を通じて技術イノベーション、高効率のクリーンエネルギー発展を推進し、気候変動、エネルギーと環境問題を対処し、そのため、ワーキンググループを設立すること。
③ 中国の市場経済地位について協議を引き続き行うこと。

第7章　第4回米中戦略経済対話：サブプライムローン危機中の協議

　　　　アメリカは世界の最大の先進国であり、中国は世界の最大の発展途上国である。これまでの対話の中で、常に中国側はアメリカ側から市場経済発展の経験などについて説教を受けていたが、サブプライムローン危機が発生したのち、中国側はこの危機からの教訓を学び取ることを望んでいる。アメリカ経済と金融分野の問題はすでに過去の経験からで説明することができず、危機の一部の原因は政策の欠陥と監督管理の不十分によるものだと言える。

周小川中国人民銀行総裁

　　　　中国人はアメリカ国内の経済政策について意見を公の場で発表し始めた。

『ニューヨーク・タイムズ』

1　「Fireman」王岐山副総理の登場

　「『アメリカはまもなくドアを閉めるから、気をつけるように』と友人たちに警告された。ポールソン財務長官とよい雰囲気で対話をするため、私はアメリカ最初の訪問地として中西部のミズーリ州を選んだ。非常に不思議に感じているのは、アメリカで開放的な地域がなぜ中西部に変わったのかという点だ。アメリカで最も開放的なところは東海岸と西海岸のはずだ」。

　2008年6月18日、中国国務院の王岐山副総理はアメリカ商工会議所が主催した歓迎レセプションで、500人を超えるアメリカの企業経営者を前にこのように話した。さらに次のように述べた。「現在、グローバル経済が厳しい状況にあるので、アメリカが保護主義の傾向を強めるのはおかしいことではない。実

際に、中国にも保護主義的な主張がある。中国の対外開放のスピードが過度に速いため、金儲けのさまざまな手段を持つウォール街の連中たちが、我々のお金で儲け逃げしまうのを一部の学者は心配している」、「私はアメリカ議会の議員たちとの直接対話に期待している。私は彼らの中国に対するさまざまな考え方や米中関係に対する認識を静かに聴き、私も全力を尽くして自分の考え方を彼らに伝えたい。……対話は対抗よりプラスになると思う」。いくつもの経済問題を解決したことから「Fireman（消防士）」と呼ばれる王岐山副総理は、ユーモアある語り口でアメリカの保護貿易主義をこのように皮肉りながら叩き、アメリカ議会の対中強硬派の「怒りの炎」を鎮めようとした。

　王岐山副総理は2008年3月の中国全国人民代表大会で引退した呉儀元副総理の代わりに、胡錦濤国家主席の特別代表として米中戦略経済対話を主導する中国側のトップとなった。1980年代以降中国農村信託公司総経理、中国人民銀行副総裁、中国建設銀行総裁などのポストを歴任し、金融の畑から頭角を現した王岐山副総理はポールソン財務長官とその後任になるガイトナーを含め、広い「アメリカ金融人脈」を持つ唯一の中国政府の高官である（写真）。

　1997年、アジア金融危機は香港を襲い、香港の背後地（ヒンターランド）である広東省にも蔓延した。広東国際投資信託公司（GITIC）と粤海企業集団をはじめとする広東省が香港に設けた「窓口企業」は「不正借り入れ」、「乱脈投資」を行っていたため、アジア金融危機の嵐の中で全滅の危機に陥った。これらのノンバンクが倒産した場合、中国の金融システム全体が危機に晒されるのは確実な情勢であった。問題の深刻さを認識した朱鎔基総理（当時）は「支払い危機」の烈火が蔓延している広東省に「Fireman」を送り出すことを決断した。その「Fireman」は王岐山であった。

　広東省の常務副省長となった王岐山は広東国際投資信託公司と粤海企業集団の債務処理を思いきって行うため、前者を破産させ後者を再建する案を打ち出した。160にも上った外国債権者は王岐山の処理案に猛反発し、大騒ぎになった。そのとき、あるアメリカ人が王岐山に救いの手を差し伸べた。その人こそゴールドマン・サックスの当時会長兼CEOを務めていたポールソンであった。王

第7章 第4回米中戦略経済対話：サブプライムローン危機中の協議　95

本書著者（右）、中国国務院王岐山副総理（左）と会話中
王岐山副総理は現在、「米中戦略と経済対話」の中国首席代表を務めている。

　岐山はゴールドマン・サックスを粤海企業集団再建の顧問機関として迎え、ポールソンの斡旋で160の外国債権者との延々と交渉を行い、最終的に合意を勝ち取った。
　ポールソンが王岐山に救いの手を差し伸べたのは、このときだけではなかった。2003年に北京がSASRS危機に襲われたとき、中国政府は衛生部長と北京市長を更迭したのち、呉儀副総理に衛生部長を兼任させ、「Fireman」王岐山を北京市の代理市長に任命する異例の人事を発表した。「鉄腕コンビ」の呉儀と王岐山が北京のSASRS危機の「烈火」を全力で消し止めようとしたとき、ポールソンはゴールドマン・サックスの訪中団を率い北京を訪れた。呉儀と王岐山はこの行動に大変感動した。なぜなら、それは折しも外国人が先を争い北京から脱出しようとしていた時期のことだったからである。ポールソンの北京訪問は「北京は外国人にとって安全だ」という政府の宣伝の好材料になった。このため、ポールソンは「艱難の中現れた英雄」と賞賛され、王岐山とは艱難

の中で友情が育まれた。

　そして、5年後の2008年6月に、王岐山とポールソンはそれぞれ国家首脳の特別代表として米中戦略経済対話の場で顔を合わせ、「古い友人」は対話の相手となった。しかも、今度は王岐山がポールソンに救いの手を差し伸べる番になった。なぜなら、2008年6月にサブプライムローン危機が広がり、ポールソンの足元に火がついた。

2　礼には礼：このとき中国は救いの手を差し伸べた

　中国の古典『詩経・大雅』の中に「投我以桃、報之以李（モモを贈られたらスモモを返す，礼には礼を）」という言葉がある。ポールソンの足元に火がついたとき、中国はこの「古い友人」に救いの手を差し伸べた。

　ポールソンは2010年1月に出版された回顧録『オン・ザ・ブリンク（瀬戸際）』の中である出来事について記した。第4回米中戦略経済対話がアメリカで開かれた2カ月後の2008年8月、ポールソンはアメリカ資本市場に打撃を与える国際「破壊的計画」に関する情報を入手した。ロシアが計画したこの「破壊的計画」は、中国と手を携えアメリカの住宅ローン担保公社であるファニーメイとフレディマックの債券をともに投げ売りし、サブプライムローン危機を招いたアメリカ政府を危機に陥れるものであった。ポールソンによると、ロシアの高官がすでに中国政府との「ハイレベルな接触」を通じて「破壊的計画」の実施に踏みきろうとしていた。「この情報はアメリカに大きな不安をもたらした。この計画が実施されば、ファニーメイとフレディマックを救済するアメリカ政府の信用が大きく失墜するだけではなく、アメリカの資本市場全体も動揺させることになる」とポールソンは当時を振り返った。

　2008年8月8日はちょうど北京五輪大会の開催日であり、北京の五輪大会開催式に出席したロシアのプーチン首相は同席したブッシュ大統領に「戦争はすでにスタートした」と通告した。北京の空が開催式の花火で染められたとき、ロシアはアメリカの盟友であるグルジアを侵攻した。一方、アメリカにとって

グルジア紛争よりも「ファニーメイとフレディマック攻撃」の「破壊的計画」のほうが自国の「心臓」を麻痺させる遥かに恐ろしいものだった。ポールソンは「破壊的計画」を潰すため、渾身の技を用いた結果、「中国側はロシアの提案を拒否した」。そして北京から帰国したのち、ポールソンはブッシュ大統領に「緊急事態」の解除を報告した。

3　周小川総裁は話したいことがある

「ポールソンは非常に疲れて痩せたに見える」。2008年4月、王岐山はテレビからアメリカ金融システムの救済案を一生懸命に説明するポールソンの様子を見て「古い友人」のことを心配した。

2007年から表面化したサブプライムローン危機はすでに不動産市場からウォール街まで広がり、アメリカ実体経済も100年に1度の大不況に直面し始めた。今度はポールソンがウォール街の「Fireman」を務めることになり、金融危機への対応が米財務長官として最も優先的な課題となった。

第4回米中戦略経済対話は2008年6月18日に金融危機が席巻するアメリカで開かれた。当時ホワイトハウスと議会がともに散々な目に合っていたため、アメリカ側はワシントンから離れた海軍兵学校のあるメリーランド州アナポリスを米中戦略経済対話の開催地とした。しかも、アメリカ側はわざわざアメリカ観光ツアーを組み中国観光客にこの対話を傍聴させ、対話メカニズムの有効性をアピールした。

中国側から見れば、この第4回米中戦略経済対話は「風向きを変える」転換点となった。

アメリカ発の金融危機が世界経済に悪影響を与え始めたころ、中国経済は依然として力強い成長を維持していたので、ポールソンをはじめとするアメリカ政府の経済閣僚たちは「傲慢な説教者」、「無理な注文者」から厳しい金融と経済情勢に関する「事情の説明者」へと姿勢を変えざるをえなかった。このような環境で、アメリカ政府の経済閣僚たちは少しでも「謙虚」の顔を見せ、中国

側からの「説教」と「注文」を聞くことになった。

「金融危機はアメリカ金融システムのリスク管理と監督管理体制における重大な欠陥を現した」、「過剰消費と高い負債レベルはアメリカ金融危機の重要な原因の1つである」、「アメリカによる大幅のドル安は中国にインフレの圧力をもたらした。多くの国はドル安による痛みを感じている」。

中国の経済閣僚のうち、周小川中国人民銀行総裁が最初にアメリカ側に対する「説教」を行った。この中で、大幅のドル安が原油価格の上昇、およびグローバル市場における商品価格と原材料価格の上昇を招き、中国を含む発展途上国のインフレを誘発しているので、ドル安政策の見直しを「注文」した。

「アメリカは世界の最大の先進国であり、中国は世界の最大の発展途上国である。これまでの対話の中で、常に中国側はアメリカ側から市場経済発展の経験などについて説教を受けていたが、サブプライムローン危機が発生したのち、中国側はこの危機からの教訓を学び取ることを望んでいる。アメリカ経済と金融分野の問題はすでに過去の経験からで説明することができず、危機の一部の原因は政策の欠陥と監督管理の不十分によるものだと言える」と周小川総裁は指摘した。

「中国人はアメリカ国内の経済政策について意見を公の場で発表し始めた」と、『ニューヨーク・タイムズ』は米中間の経済パワーの変化により、戦略経済対話の構図も変化していると分析した。「サブプライムローン危機と金融システムの混乱はポールソンの対中交渉能力を低下させた。アメリカ側は米中戦略経済対話における主導権、特に金融分野における主導権が著しく弱まった」とアメリカのエール大学ビジネススクールの中国問題専門家は分析した。

第4回米中戦略経済対話が過去3回の対話と異なったのは、サブプライムローン危機とその世界経済への影響、原油価格の高騰、気候変動といった米中2カ国間の経済・金融と貿易関係を超えた幅広い世界的問題がテーマとなったことである。

「我々は金融コントロールとマクロ経済サイクルの問題を注目している。米中両国とも流動性過剰、エネルギー価格の高騰などの問題に直面している。ア

メリカは不動産市場の改革と金融市場の再評価を行っている。確かに、当面の金融問題を解決するため、我々はさらに多くのハードな仕事をやらなければならない。一方、中国はインフレと国内外の貿易不均衡の問題と戦っている。私は自由貿易競争を非常に重視しており、開放的経済も重要と考えている。我々は2カ国間の投資を促進し、保護貿易主義の圧力を対抗する。金融市場の開放と競争、通貨の為替制度も論議すべきである。米中両国とも経済構造の不均衡と貯蓄率に影響を与える課題に直面している。アメリカの貯蓄率が低すぎであるのに対し、中国の貯蓄率は高すぎである」。ポールソンの中国に対する説教の口調は柔らかくなった。

4　第4回米中戦略経済対話の成果

　第4回米中戦略経済対話では「経済の持続的発展の見通し」が主要テーマに据えられた。この対話で設定されたテーマは、向こう10年間の米中経済関係の展望、財政とマクロ経済の周期、公共投資、エネルギー安全と環境保護における協力、貿易と競争力、および戦略経済対話の長期化の6つであった。
　「経済の持続的発展の見通し」という主要テーマに基づき、エネルギーと環境問題が人民元為替レートと貿易不均衡および知的財産権保護に代わり、第4回米中戦略経済対話の主役となった。アメリカは世界の最大のエネルギー消費国であり、中国は世界で最もエネルギー消費の伸び率が高い国であると同時に、世界最大の石炭生産・消費国である。国際市場における原油価格の高騰にともない、エネルギー安全は米中両国がともに直面している喫緊の課題であったので、戦略対話を通じて世界のエネルギーの安全と供給の安定性を確保することは両国の利益につながるものだった。また、米中は二酸化炭素排出量で、世界第1位と第2位の国であるため、地球規模の気候変動対策は両国の戦略対話の成果に左右されると言えた。
　米中両国はエネルギーと環境問題について、21世紀において両国が直面する最も重要な課題であり、両国の協力を通じて対処する重要性を認識し、エネル

ギーと環境分野における長期的な協力に取り組んでいくことで一致した。両国は以下の点で合意した。
① ブッシュ大統領の特別代表ポールソン財務長官と胡錦濤国家主席の特別代表王岐山副総理は「米中エネルギー・環境10年協力枠組みに関する協定」を共同で調印する。この枠組みの下で、第1段階として5大協力目標を設定するほか、5つのワーキンググループを設置し、各協力目標に基づき実質的な共同計画をスタートする。第5回米中戦略経済対話の前にグリーンパートナーシップの概念について議論を行うこと。
② エネルギー安全、経済発展、および環境保護の間には重要な関連性があるほか、エネルギー効率、代替可能エネルギーおよび新しいエネルギー技術の重要性を認識する。米中両国はまた、責任および透明性のあるエネルギー開発を確実に実現し、環境に対する影響を最小限に抑える重要性を認識すること。

第4回米中戦略経済対話の最大の成果といわれる『米中エネルギー・環境10年合作枠組みに関する協定』の調印は、米中の向こう10年間の経済協力に重要な影響を及ぼし、世界の持続的発展にも貢献できると、米中双方はともに評価した。

エネルギーおよび環境・気候変動対策の2大分野における米中の対話と協力は米中戦略経済対話の1つの重要な進展だと言える。これにより、米中間でエネルギーと環境分野において密接に連携し、アメリカエネルギー省は北京事務所を開設した。さらに、両国はエネルギー取引所の開設、エネルギー価格および石油戦略備蓄に関する体系づくり、石油海上戦略安全通路の確保について有効な対話と協力体制づくりを進めている。

第4回米中戦略経済対話のもう1つの成果は、米中2カ国投資保護協定に関する交渉のスタートである。これについて米中両国は以下のように合意した。
① 米中2カ国間の投資保護協定に関する交渉をスタートさせ、両国の投資家に投資の便宜と保護を提供し、投資の透明性と予測性を向上させること。
② 2008年6月に開かれる第1回米中投資フォーラムで、投資保護の範囲、

投資待遇、紛争解決などの項目について議論を行うこと。
③　アメリカ側は中国を含む政府系ファンドによる投資を歓迎する。中国側は国有投資公司の投資がビジネス目的に限定する。アメリカ側はまた、「アメリカ対米外国投資委員会（CFIUS）」の審査プロセスにおいて、投資国と関係なく、すべての外国投資が公平で同じ待遇を受けられることを確認。

マクロ経済政策と金融サービス分野で、米中両国は以下の点について合意をした。
①　アメリカ側はグローバル金融市場の危機の原因分析、および金融サービス企業に対する監督管理強化に関する計画を公表し、2008年下半期に計画の実施状況を公表する。
②　アメリカ側は金融市場を開放し、中国系の商業銀行に内国民待遇を与えることを承諾し、審査規定とプロセスに基づいて中国系銀行によるアメリカ支店開設の申請を速やかに受理し、理由なく先延ばししないこと。
③　中国側は2008年12月31日までに、外国資本による中国証券、基金管理公司への資本参加に関する評価を完了し、評価結果に基づき外国資本による中国証券、基金管理公司への資本参加の政策提案を公表すること。
④　中国側は、非貯金類外国金融機構による消費者金融サービス提供の試行、条件を満たす海外企業による株式発行を通じた中国証券取引所への上場、および条件を満たす外資法人銀行による人民元建て債券発行を許可すること。

第8章　第5回米中戦略経済対話：債務者と債権者との協議

> 我々はアメリカ側が必要な措置を取り、国内経済と金融システムの安定化を実現すると同時に、中国のアメリカ資産とアメリカへの投資の安全性を保証することを要請する。
>
> 　　　　　　　　　　　　　　　　　　　　　　　王岐山副総理

> 今回の金融危機が1つの結果をもたらした。その結果はアメリカが優越感を失い、マクロ経済政策と金融の分野で中国に「授業」を行うことができなくなったことである。
>
> 　　　　　　　エスワー・プラサド　米ブルッキングズ研究所上級研究員

1　完璧な幕引き

「私が米中戦略経済対話に参加するのは今回が最後だ。我々は完璧な幕引きのために力を尽くす。我々は成果が最も多く得られる対話、しかも双方の協力がよく体現される対話を実現したい」。

ポールソン財務長官は2008年12月4日、北京釣魚台国賓館で開かれた第5回米中戦略経済対話に参加した。米中戦略経済対話はブッシュ政権8年間の外交政策における唯一の得点となっていたが、今回最大限の成果をあげる意欲を示した。7週間後、ポールソン長官を含めブッシュ政権の経済閣僚はいずれも大統領とともに退任することになっていた。

「アメリカ経済が急速に悪化している。中国経済とグローバル経済も減速している。米中両国ともグローバル経済の成長エンジンであった。米中両国の経済力は両国国民だけでなく、全世界にとっても非常に重要であるので、全世界

は今、米中両国がいかに当面の危機を乗り越えるかに注目している」。このように、ポールソン長官は第5回米中戦略経済対話の開催式のスピーチでグローバル経済における米中経済協力の重要性を指摘したうえで「米中双方は初めて戦略経済対話というメカニズムの下で、世界経済について論議する」と述べた。

ポールソン長官はアメリカ経済の現状を次のように紹介した。「アメリカの金融システムが未曾有の巨大な圧力下に置かれ、経済全体が衰退期に入っている。アメリカの2008年第3四半期のGDPは0.5％のマイナス成長となった。失業率は15年来の高い水準に達している」。

ポールソン長官はまた中国について「この金融危機でそれほど大きな影響を受けていないものの、ますます厳しい経済的課題に直面している。グローバル経済の減速にともない、対外輸出は必ず大きな影響を受けることになる。経済成長はすでに失速している。2008年11月に政府は内需拡大のため、4兆元の財政刺激計画を発表した。これはグローバル経済に効果的で歓迎すべき政策措置である」と述べた。中国政府のグローバル危機への対応と「責任ある」行動を評価したうえで「中国はグローバル経済の発展に重要な役割を果たしていく。その経済発展はアメリカの企業と消費者、およびアメリカの投資家に非常に大きな繁栄のチャンスをもたらすことになる。アメリカは経済が安定し繁栄を享受する平和な中国の台頭を期待している」と指摘した。

2009年1月のオバマ政権誕生後の米中戦略経済対話の先行きを心配する声が上がっていることについて、ポールソン長官は次のように語った。「米中戦略経済対話はすでに双方の直接の対話の重要性を証明した。この対話により両国の関係は改善し、複雑な局面において双方が共同で効果的に対応することが可能になった。最近の金融危機への対応はそのよい例である。アメリカと中国の間に全方位的対話を従来どおり継続すれば、米中双方が将来の予知不可能な試練に堪えられると信じている」。

王岐山副総理は退任を前にしたポールソン長官について「我々の古い友人であり、米中戦略経済対話に独特の重要な役割を果たした」と称えた。さらに「今回の対話を成功させるため、私はポールソン長官、および同僚たちとともに努

力したい。また、米中双方が対話と協力を継続し、米中の経済貿易関係と米中の建設的協力関係の進展を推進したい」と決意を示した。

2 米中戦略経済対話と人民元レート：元高から元安へ

　ポールソン長官は金融危機の対応における中国政府の「責任のある」行動を評価し、王岐山副総理は米中戦略経済対話におけるポールソン長官以外に誰も果たすことのできない重要な役割を賞賛した。米中双方がこのように北京釣魚台国賓館という外交の舞台で「完璧な幕引き」を演出していたころ、人民元の対ドル相場は数日連続で急速に下落した。

　2006年12月から2008年12月まで、ブッシュ政権下で合計 5 回の米中戦略経済対話が開催された。アメリカ側は終始人民元為替政策の改革を対話の 1 つの重要なテーマに据え、人民元切り上げについて中国側に圧力をかけてきたが、米中の経済情勢の変化にともない、対話における人民元問題の重要性と人民元切り上げ圧力の大きさも変わった。しかも、米中戦略経済対話の回数を重ねるごとに人民元為替レートも微妙に変化した。

　例えば、第 1 回から第 4 回までの米中戦略経済対話の人民元為替レートは上昇傾向を示し、4 回連続して人民元切り上げ実施以来の最高値を更新した。

　2006年12月、第 1 回米中戦略経済対話の開催直前に、人民元為替レートは 1 ドル＝7.9450元となり、2005年 7 月に切り上げを実施して以来の最高値を更新した。

　2007年 5 月、第 2 回米中戦略経済対話の開催前日、人民元為替レートは 1 ドル＝7.6551元に上昇し、初めて 1 ドル＝7.66元の大台を突破した。

　2007年12月、第 3 回米中戦略経済対話が開かれたとき、人民元為替レートは 1 ドル＝7.3647元へ上昇し、再び2005年 7 月に切り上げを実施して以来の最高値を記録した。

　2008年 6 月、第 4 回米中戦略経済対話の開催直前、人民元為替レートは 1 ドル＝6.8919元に上昇し、初めて 1 ドル＝6.9元の大台を突破した。

しかし、2008年12月に第5回米中戦略経済対話が開かれたとき、人民元為替レートは4日連続で下落し、人民元安の傾向が現れた。2008年12月4日、中国人民銀行は人民元対ドル相場の基準値が1ドル＝6.8502元であると発表した。これは同年7月の人民元為替レートよりほぼ1％下落したことになった。分析では、中国人民銀行が同年11月27日より金融機関の1年満期の人民元建て預金・貸出基準金利を1.08ポイント引き下げると発表し、11年ぶりの大幅利下げを実施したことが人民元為替レートの下落を招いたとされていた。この一方で、第5回米中戦略経済対話が開催されている最中、中国側がわざわざ人民元安を誘導していたではないかという憶測も広がっていた。最も興味深いのは人民元の切り上げを強く期待しているアメリカ側はこの人民元安の動きに対して強い反発を見せなかったことである。唯一反応を見せたのはアメリカの次期大統領に就任する民主党のオバマであった。

イギリスの公共放送局・BBCの報道によると、オバマ次期大統領は、アメリカ繊維業界団体へ送った書簡の中で、「中国とアメリカの巨額の貿易黒字は中国の人民元為替操作に直接関係がある」と指摘したうえで、「中国が為替制度などの政策を変え、輸出に対する依存を削減するほか、内需依存型の成長を推進すべきである」と強調した。

一方、欧州は中国の人民元安の傾向に強く反応した。フランスの日刊紙『リュマニテ』と『ル・モンド』は「北京の人民元引き下げのゲームは通貨戦争を引き起こす」、「人民元の引き下げは北京とワシントンの関係緊張化をもたらす」などの記事を発表し、中国を批判した。これに対して、中国側の学者は次のように分析した。「欧州連合（EU）、特にフランスは2008年12月にパリで開催予定だった中国・EU首脳会議が中国側の都合で延期となったにもかかわらず、米中戦略経済対話が北京で盛大に行われグローバル経済について議論したことに嫉妬し、米中両国が人民元為替レート問題で衝突することを望んだ。欧州はまた2008年10月に北京で開催されたアジア欧州（ASEM）首脳会合の2日前に、中国の胡錦濤国家主席とアメリカのブッシュ大統領が電話会談を行ったことにこだわっている」。

3　中国のドル資産は安全か

　2008年10月にブッシュ大統領の要請に応じて行われた胡錦濤国家主席とブッシュ大統領との電話会談で、一体何が話されたのだろうか。これについて、米中双方の専門家は次の3点を挙げている。1つ目は世界金融危機の対応における中国の建設的な役割、2つ目は世界金融危機への対策を議論する「G20金融サミット」における米中協力、3つ目はアメリカ国債の問題である。

　アメリカ財務省が公表した統計データによると、2008年9月末、中国が保有するアメリカ国債は5,850億ドルに上っていた。これに対し、日本とイギリスのアメリカ国債の保有額はそれぞれ5,732億ドルと3,384億ドルである。金融危機の蔓延、特にアメリカ経済の衰退にともなって、中国国内にはドル資産の安全性やアメリカ国債保有残高増減などについてさまざまな論議が巻き起こっていた。ドルが下がり続けると、中国のアメリカ資産の価値が大幅に縮小するので、アメリカの国債を投げ売りすべきとの声が中国で高まっていた。このような情勢の下で、国家首脳同士がドル資産の投げ売りをしないことに合意したとしても、中国側はアメリカ側にドル資産の安全性を保証してもらう必要があった。

　王岐山副総理は「我々はアメリカ側が必要な措置を取り、国内経済と金融システムの安定化を実現すると同時に、中国のアメリカ資産とアメリカへの投資の安全性を保証することを要請する」と発言した。また、中国財政部の朱光耀次官補は「中国が保有するドル資産の安全性を確保するため、アメリカに責任ある経済政策、経済措置を要求する」と述べた。第5回米中戦略経済対話で、中国側は「説教者」となった。かつての「説教者」であったポールソン長官は「アメリカは投資者の利益を尊重し、市場の安定化に努めている」と応じるのみだった。

　「過剰消費とクレジットへの高度な依存が今回のアメリカ金融危機の原因である。世界最大かつ最も重要な経済体として、アメリカが政策調整を主導的に

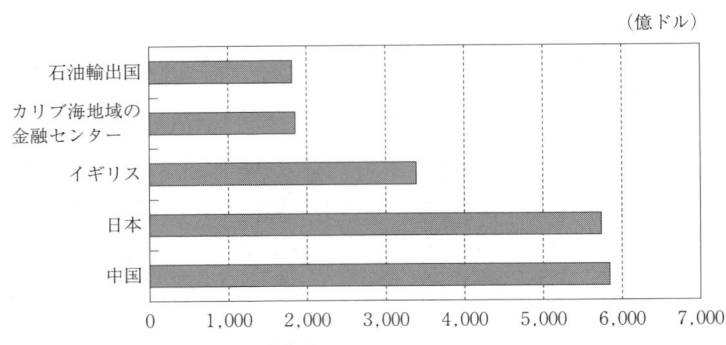

図 8-1　2008年9月時点でのアメリカ国債の主な外国保有者

（億ドル）

- 石油輸出国
- カリブ海地域の金融センター
- イギリス
- 日本
- 中国

資料：アメリカ財務省公表データより作成。

加速し、貯蓄水準を適切に向上させ、貿易と財政の赤字を減らすべきである」と周小川中国人民銀行総裁はポールソン長官一行のために「授業」を行った。

「今回の金融危機が1つの結果をもたらした。その結果はアメリカが優越感を失い、マクロ経済政策と金融の分野で中国に『授業』を行うことができなくなったことである」と元IMF中国部部長でブルッキングズ研究所のエスワー・プラサド上級研究員は分析した。

4　第5回米中戦略経済対話の成果

第5回米中戦略経済対話では「長期的な米中経済パートナーシップの基礎を築く」が主要テーマに据えられた。この主要テーマから次の5つのテーマが設定された。①国際経済協力、②マクロ経済リスクマネジメントと経済の均衡的成長戦略の促進、③エネルギーと環境協力の強化、④貿易をめぐる課題への対応、⑤開放的投資環境の促進である。

国際経済協力が中心的なテーマとして議論されたことが、第5回米中戦略経済対話の最大の特徴となった。

過去4回の戦略経済対話を通じて、米中両国間の問題がテーマとなり、マクロ経済、金融と為替制度、貿易と投資、省エネルギーと環境など幅広い分野に

ついて深く議論されてきた。だが、世界的金融危機の対応や世界金融サミットのような国際的な場で米中の協力が欠かせなくなったので、国際経済協力は米中双方にとっても重要性が高まっていた。米中双方が公表した「第5回米中戦略経済対話の成果に関する説明」によると、米中双方は「国際金融機構と国際経済組織をいかに活用しグローバル経済の成長と安定を推進するか、両国のグローバル経済発展における課題に対応する能力をいかに改善するかについて議論を行った」。そして米中双方は国際経済協力について次の4点で合意に達した。

① グローバル経済における各経済体の実力の変化に対応し国際金融組織の代表権を調整すること。
② 中国とその他の重要な新興経済体の金融サミットのメンバー入りを支持すること。
③ アジア太平洋経済協力（APEC）が機構投資者の基礎を拡大するために展開している作業を支持し、アジア太平洋地域における資本市場の発展を奨励して推進すること。
④ 当面の金融危機の下で、米中両国、および新興国の貿易を維持するため、アメリカ輸出入銀行と中国輸出入銀行は貿易融資向けの新たな資金を提供するほか、アメリカと中国の製品とサービスの輸出を支援するため、アメリカ輸出入銀行が120億ドル、中国輸出入銀行が80億ドルをそれぞれ準備すること。

マクロ経済協力と金融サービス分野では、米中双方は「システムとして重要な意義を持つマクロ経済政策に関する緊密な交流の継続、適切かつ必要な措置のよる金融市場の安定の保証、グローバル経済の持続的成長の促進、グローバル経済と金融の安定化に関わる重要問題について協力の継続、金融システムの監督管理強化のための情報交換」について合意した。また米中双方は以下の点について承諾した。

① 中国側は、中国にある外資系法人銀行が中国系法人銀行と同様の待遇に基づき顧客あるいは自行のための銀行間市場での債券取引を許可すること

を承諾した。
② アメリカ側は、中国の外貨準備高と政府系ファンドを通じて行うビジネス向けの投資、およびアメリカの金融機構への投資を含む外国からの投資を歓迎することを再度表明した。またアメリカ側は中国の銀行、証券会社、基金管理会社が提出する投資申請に対し統一の監督管理基準を適用し、これらの基準が同じ条件のアメリカあるいは他の国の金融機構にも適用することを承諾した。さらに、中国系金融機構の投資申請を速やかに審査するほか、アメリカ外国投資委員会が審査プロセスにおいて、投資国に関係なくすべての外国投資に対し差異なく公平に対応することを承諾した。
③ 米中双方は中国工商銀行のアメリカ支店開設が許可されたことを歓迎した。米中双方は農業保険のリスクマネジメントにおける協力、および確定型年金計画の税収優遇待遇における技術協力の拡大に同意した。

米中のエネルギーと環境分野における協力は第5回米中戦略経済対話の最も重要な成果であると言える。米中双方は次の点について合意した。
① 米中双方はエネルギーと環境分野における10年協力枠組みの下での5大目標行動計画で合意に達した。5大目標はクリーン・高効率・確実な発電と送電、クリーンな水、クリーンな大気、クリーンかつ高効率の交通、森林と湿地生態システムの保護を指す。米中双方はまたエネルギー効率目標を設定し次の10年協力指導委員会会議までに、この目標計画を完成することを宣言した。
② 米中双方は「米中のエネルギー環境10年協力枠組みの下のグリーンパートナーシップ計画枠組み」に調印した。また、米中双方のグリーンパートナーは「グリーンパートナーシップを構築する覚書」にそれぞれ調印した。
③ アメリカ側は米中両国の企業と研究機構が天然ガス水和物の探査開発分野における技術協力を支援する。アメリカ側は地球物理探査に用いる海洋音響学設備の提供について中国側と協力する。
④ アメリカ側は非OECD加盟国の中国が国際エネルギー機関（IEA）に加盟することを支持し、中国側はIEAとの間に良好な協力関係を構築し、

双方の対話と協力を強化する。
⑤　米中双方は省エネルギー・環境保護とクリーンな水に関する協力の２つの覚書に調印した。中国国家発展改革委員会とアメリカ貿易発展局は協力を通じて中国の中央政府と省政府、および製造業のエネルギー効率の審査能力を向上させ、中国企業のエネルギー効率を改善させる。

貿易と投資分野では、米中双方は世界経済の状況が引き続き悪化している中、保護主義に反対し、投資と貿易の開放を促進することを承諾した。また、米中双方は以下の点について合意した。
①　第２回米中投資フォーラムを通じて両国の間に投資拡大について意見交換を行う。
②　米中交通フォーラムを共同で主催し、「米中交通共同声明」に調印した。これに基づきワーキンググループを設け、輸送新技術、都市交通の渋滞解消、イノベーションへの融資、危険貨物輸送と災害救援の協調などの協力分野について検討を行う。
③　第２回米中イノベーション大会を共同で主催し、イノベーション協力と関連プロジェクトの展開について協調する。
④　米中の２カ国間の投資保護協定の交渉を行い、便宜性、投資保護、投資者の透明性と予測の可能性を向上する互恵の協定の達成を目標とする。

第三部　未完の対局：米中Ｇ２のパワーゲーム

第9章　オバマ大統領時代の「米中戦略と経済対話」：21世紀を形成

> アメリカあるいは中国が単独でグローバルな課題を解決することができるとは考えにくい。一方、アメリカと中国が連携しなければ、いかなるグローバルな難問も解決できないだろう。
>
> クリントン国務長官とガイトナー財務長官
> 『ウォール・ストリート・ジャーナル』への連名寄稿
> （2009年7月27日）

1　オバマ大統領：米中関係は21世紀の形を決定する

「第1回米中戦略と経済対話は積極的、建設的、全面的な米中関係の発展を推進する重要なステップである。1つのよいスタートを切ることは米中両国の関係にとって非常に重要である。新任の大統領として、またバスケットボールファンとして、米プロバスケットボールリーグ（NBA）のヒューストン・ロケッツに所属する中国人プレーヤーのヤオ・ミン（姚明）の話から多くのことを学んだ。姚明は『新メンバーであろうが、古くからのメンバーであろうが、互いに適応し合うまで時間がかかるものだ』と語っていた。今まで行われた建設的対話と今回の対話を通じて、我々が姚明の基準に達することができると信じている」。

2009年7月27日、オバマ大統領はワシントンで開かれた第1回米中戦略と経済対話（U. S.-China Strategic and Economic Dialogue）の開幕式の挨拶で、新任大統領として「積極的、建設的、全面的な米中関係」を構築する意欲を見せた。オバマ大統領はまた米中関係の重要性について「米中関係は21世紀を形成

する」と発言し、米中Ｇ２（The Group of Two）論を連想させた。

「我々は未来を正しく予測することはできないが、我々の時代に影響を与える問題を確定することはできる。米中関係は21世紀を形づくる。したがって、我々は両国の協力パートナーシップを強化しなければならない。これは我々が共同で負う責任である」。オバマ大統領はまた米中両国の協力を「さまざまなグローバル的挑戦を解決する１つの先決条件」とする見解を示した。

「私の自信は米中両国が共通の利益を有しているという事実によるものである。米中間の協力は両国の国民と全世界に利益をもたらし、当面のさまざまなグローバルな課題を解決する１つの先決条件でもある。まず、我々は協力を強化して世界経済の回復を推進することができる。当面の経済危機がこのような事実を示している。すなわち、米中両国の決定はグローバル経済に大きな影響を与えることになる。このため、我々は安定的な米中協力と多国間の協力の維持に力を尽くさなければならない」。

オバマ大統領はさらにこう語った。「確かに、一部の人々が米中関係の将来を心配している。中国にはアメリカが中国の台頭を抑えようとしているとの見方もある。アメリカには台頭しつつある中国がリスクをもたらすと憂慮する声もある。私の考え方は違う。私は中国が国際社会において強大なパワーを持ち繁栄し成功を勝ち取った一員となることを信じている。未来には不確定要素があるが、米中双方が今日のような対話を継続的に行い、その結果を確実に実行に移すことができれば、我々は目標を達成することができる」。

中国に対する友好的な姿勢を示すために、オバマ大統領は中国の歴史と中国人を次のように賞賛し、中国の賢人・孟子の言葉を引用しながら米中戦略と経済対話を継続的に行う重要性を強調した。「中国は独自の歴史と世界観を有している。周知のとおり、中国の悠久の奥深い歴史は世界に、そしてアメリカにも影響を与えた。中国の人々は知恵に溢れ、偉大な国家を築いた。私の政権には２人の中国系アメリカ人の閣僚がいる」。

「1100年前、孟子はこう述べた。『山中の小道は、人が通ってこそ道となる。しばらく通らなければ、茅（かや）で塞がれてしまう（山径之蹊間，介然用之

第9章　オバマ大統領時代の「米中戦略と経済対話」：21世紀を形成

而成路，为间不用，则茅塞之矣。孟子・尽心章句の一節)』。米中両国政府は次の世代のために未来につながる道を模索し、互いの不信を回避し、対立したとしてもこの道が塞がれないよう努力する必要がある。米中双方はできるだけこの対話のプロセスを維持し、対抗ではなく、継続的協力により新しい世紀を迎えるべきである」。

　オバマ大統領は孟子の言葉を引用し米中対話と米中協力の重要性を訴えた。オバマ大統領の特別代表として米中戦略と経済対話に初参加したクリントン国務長官も負けずに、中国の故事成語「人心斉、泰山移（人心が１つになれば、中国の名山・泰山をも動かすことができる）」を引用し、米中協力を通じてグローバルな難問を解決していくことを呼びかけた。さらに、ポールソンの後任のガイトナー財務長官は、北京大学に留学し毎日自転車で通学した経験を持つが、そのころ学んだ中国語を披露し「風雨同舟（フン・ユ・トン・ジュウ、苦労や困難をともにして同じ船に乗る）」と述べ、世界的経済危機の渦中で米中両国の協力を強化する意欲を見せ、中国の高官たちに喜ばせた。

　米国の中国への歩みよりの姿勢が鮮明となった第１回米中戦略と経済対話の開幕式を「米中の今世紀のウェディング・セレモニー」とアメリカ・メディアは評した。中国の戴秉国国務委員はオバマ大統領のキャッチフレーズだった「Yes, We can.」を引用し、「月面着陸を議論しなかったが、ほぼすべての事柄について話し合った」と米中の「呉越同舟」の成果について満足気に語った。

　また、王岐山副総理は「ガイトナー財務長官は私を叔父さんと呼ぶべきだ」と述べ、友好ムードを演出した。「私とガイトナー財務長官との関係は叔父と甥のようなものだ。ガイトナーの父親のピーターはフォード財団の初代北京駐在首席代表を務めた。1980年代、私はピーター・ガイトナー首席代表にフォード財団の研究援助資金を申請したことがある。中国人の習慣では、仕事を通じて関係を深めた場合、互いの子供は相手方を叔父さんと呼ぶべきである」と王岐山副総理は説明した。

2　クリントン国務長官とガイトナー財務長官の寄稿

「アメリカ経済はまだ危機的状況から脱出していない」。2009年7月、アメリカ副大統領ジョセフ・バイデンは憂慮の表情を浮かべメディアに語った。

「中国が世界で最初に景気を回復させることは確かだ」と中国国家発展改革委員会の高官は2009年7月の記者会見の席上、興奮気味に宣言した。

第1回米中戦略と経済対話はこのような経済情勢の中、ワシントンで開催された。

2009年7月25日、すなわち第1回米中戦略と経済対話の前日に、クリントン国務長官とガイトナー財務長官は連名でアメリカの日刊紙『ウォール・ストリート・ジャーナル』に寄稿した。その中で「アメリカあるいは中国が単独でグローバルな課題を解決することができるとは考えにくい。一方、アメリカと中国が連携しなければ、いかなるグローバルな難問も解決できないだろう」と指摘した。2人は米中の協力なしでは、グローバルな難問の解決は不可能とする「米中G2論」を公然と主張した。

それでは、アメリカ側が中国側と協力し解決したいグローバルな難問とはどのようなものなのか。言い換えれば、アメリカ側は中国側にどのような期待を持っていたのだろうか。クリントン国務長官は次のように答えている。

「オバマ政権は中国との広範な接触を通じて地域的およびグローバルな問題の解決を図ろうとしている。1つ目はグローバル経済の景気回復を目的とした経済と金融の協力強化、2つ目は気候変動対策である。3つ目は安全保障分野の課題への対応で、朝鮮半島とイランの核問題の解決において中国側の重要な役割の発揮を期待している。4つ目は21世紀における課題への対応である」。

デビッド・シアー国務次官補代理は2009年9月10日に開催された下院外交委員会の公聴会で、米中体制がグローバルな課題の解決に役立つとする持論を次のように展開した。「我々は中国が重要なパートナーとしてアメリカとともに複雑なグローバルな課題を対応する重要性を認識している。我々はある特別に

強調したメッセージを中国に送るつもりだ。そのメッセージの内容は影響力の向上は責任の増加を意味するというものだ。今年4月、オバマ大統領は胡錦濤国家主席と会談し、21世紀における積極的、協力的、全面的な米中関係の構築で合意した。戦略と経済対話は米中関係を推進する新たなメカニズムである。この新たなメカニズムの下で、米中両国政府の20名を超える閣僚が顔を合わせ会談することにより、アメリカの考え方と優先すべき注目の課題を明確に中国側に伝えると同時に、中国側の考え方にもよく耳を傾けることができる。現段階では、米中両国はグローバル経済の景気回復、気候変動、エネルギーと環境、朝鮮とイランの核問題、反テロなどの分野で協力すべきである」。

また、ガイトナー財務長官は経済分野の視点から、米中体制の重要性について次のように述べた。「世界金融危機対応における米中の協力は米中関係の1つの転換点となる。米中の協力はグローバル経済の景気回復の自信をもたらした。今回の金融危機は我々に経済成長方式の転換の必要性を認識させた。我々はグローバル経済体制を再建する重要なチャンスに直面している。米中は緊密な協力を通じて均衡の取れた持続可能な経済成長を実現しなければならない」。

要するに、2009年の時点では、金融危機への対応とグローバル経済の景気回復、経済成長方式の転換、気候変動への対応、朝鮮半島とイランの核問題という4つのグローバルな問題について、アメリカ側は中国からの協力を大きく期待していた。確かに、これらはいずれもアメリカ単独では解決できない問題であり、解決には中国の協力が不可欠であった。

「今はまず協力についてよく話し合い、一致できない、または対立する問題は脇に置いておけばよい。まず協力できる問題で協力すれば、オバマ政権との間によい関係を構築することができる」と中国側の高官はアメリカ側の期待について述べた。

第1回米中戦略と経済対話で最も注目された出来事は、中国国防部とアメリカ国防省の軍人が戦略対話に参加し、双方が米中間のハイレベルな軍事交流の再開に合意したことである。このような軍事交流はブッシュ政権による台湾への武器売却への対抗措置として中国が中断していた。2009年の軍事と安全保障

分野におけるハイレベル対話の再開は、米中融合の1つの象徴であると言える。

「オバマが大統領に就任してから6カ月間、米中関係は非常によい方向に向かっている。中国はアメリカ側とともに21世紀における米中の全面的、積極的な関係を構築したい」と中国の戴秉国国務委員は米中協力について満足気に語った。

だが、2010年初めには、中国の猛烈な反対にもかかわらず、オバマ政権による台湾への武器売却の決定やオバマ大統領とチベット仏教最高指導者ダライ・ラマ14世との会談などが実施されたため、中国側はこれに対抗する措置として、軍事と安全分野におけるハイレベル対話を再び中断した。オバマ政権の一連の動きによって急激に冷え込んだ米中関係から見れば、2009年のオバマ大統領就任後数カ月間のうちに米中両国が演出した「米中融合」は、まさに「危機中の蜜月」のようなものだった。

3 米中G2：戦略と経済対話のメカニズムについて

金融危機とグローバル経済の景気後退は2009年における米中の「危機中の蜜月」をつくり出した大きな背景となったが、2009年7月に開かれた第1回米中戦略と経済対話はこの「危機中の蜜月」を世界にアピールする舞台であった。

2009年1月30日、アメリカ側の要請に応じて、胡錦濤国家主席はオバマ大統領と電話会談を行い、同年4月にロンドンで開催予定の第2回20カ国・地域首脳会合（G20ロンドン・サミット）で初めての首脳会談を行うことで合意した。2009年4月、米中両首脳はロンドンで初会談を行い、「21世紀における積極的協力の全面的米中関係」を築くために、米中戦略と経済対話のメカニズムを構築し、2009年7月にワシントンで第1回米中戦略と経済対話を開くことを決めた。

オバマ政権下での米中戦略と経済対話（U. S.-China Strategic & Economic Dialogue: U. S.-China S & ED）はブッシュ政権下での米中戦略経済対話（U. S.-China Strategic Economic Dialogue: U. S.-China SED）から進化したもので

あると言える。

　ブッシュ政権下での対話が米中間の経済と貿易、金融と為替などの問題について意見交換と議論を行う経済閣僚の会合であったのに対し、オバマ政権下では「戦略対話」と「経済対話」の２つのセッションから構成され、米中間の経済と貿易、金融と為替などの問題のほかに、気候変動、世界金融体制と世界経済、安全保障と核問題などのグローバルな問題についても広範な意見交換と議論を行うことになった。このため、米中双方の参加者を経済閣僚から国務省と国防省の閣僚にまで拡大した。

　アメリカ国務省は米中戦略と経済対話について次のように定義している。「オバマ大統領と胡錦濤国家主席によって設置された米中戦略と経済対話は、両国が当面および長期的な戦略と経済利益に関わる２国間、地域、および地球規模といった広範なレベルで直面している課題と機会について集中的に取り上げる。この対話は経済と戦略の２つの方向から、国務長官と財務長官、およびオバマ政権の閣僚は中国側の同クラスの高官と議論を深める（Established by President Barack Obama and President Hu Jintao, the U. S.-China S & ED will focus on addressing the challenges and opportunities that both countries face on a wide range of bilateral, regional and global areas of immediate and long-term strategic and economic interest. Through the Dialogue, and in its economic and strategic tracks, the Secretary of State, the Secretary of the Treasury, and their colleagues in the President's Cabinet will pursue in-depth discussions with their respective Chinese counterparts）」。

　「米中戦略と経済対話はハイレベルかつ横断的な組織形態を取り、戦略面と経済面で両国が互いに関心を持つ問題の地政学的要素を取り上げる。米中戦略と経済対話は１つのプラットフォームを提供しており、米中両国の戦略と経済の２つの面においてさまざまな責務を負う高官同士が、これを通じて持続的かつ建設的２カ国間の対話を行う。米中戦略と経済対話のメカニズムにより、出席者全員で戦略面と経済面で重要性の高い横断的な問題を議論することができると同時に、戦略と経済の各方面で議論を行うこともできる。戦略と経済の２

つの面で、当面および長期的な戦略あるいは経済利益に関わる共通の問題を重点的に議論する。戦略・経済対話は毎年１回開催され、翌年の対話までの期間中、既存の２カ国間の対話と実務者レベルの相互作業を通じて、両国の強固な結びつきと進展を推進していく（The S & ED is organized around a high-level, cross-cutting structure that addresses the geopolitical nature of our mutual concerns in strategic and economic discussions. The S & ED provides a forum for ongoing and productive bilateral engagement between U. S. and Chinese officials with diverse responsibilities for both economic and strategic issues. The structure of the S & ED allows for a plenary session to discuss issues of cross-cutting strategic and economic importance, while maintaining distinct strategic and economic tracks. Each respective track will involve focused discussions on issues of mutual immediate and long-term strategic or economic interest. The S & ED will meet annually to facilitate robust engagement and progress between dialogues through coordination with existing bilateral dialogues and working-level interactions）」。

　第１回米中戦略・経済対話の主要テーマは「経済成長を回復させる自信の結集、米中の経済協力の強化」である。「戦略対話」の司会はクリントン国務長官と戴秉国国務委員、「経済対話」の司会はガイトナー財務長官と王岐山副総理がそれぞれ共同で務めた。

　2009年７月27日に、オバマ大統領は第１回米中戦略・経済対話の開幕式のスピーチで、グローバル・レベルにおける米中の積極的協力の３つの分野について次のように提案した。

　「まず、我々は協力を通じてより透明かつ有効な監督・管理の措置を実施することにより、金融システムの安定化を促し、自由と公平な貿易を推進し、ドーハ・ラウンド交渉の成立を図るほか、国際金融機構の改革を通じて中国のような新興国がより大きな責任を果たすことができる。アメリカ人が貯蓄を増やし、中国人が消費を増やすことは、グローバル経済が比較的に持続に成長を実現するのに重要な要素である。

また、我々はクリーンで安全なエネルギーの活用で協力を強化することができる。アメリカと中国とは世界2大エネルギー消費国であり、世界2大温室効果ガス排出国でもある。率直に言えば、米中両国の協力こそが気候変動による影響から両国の国民を守る唯一の方法である。我々の一致した行動が求められている。米中両国ともエネルギー経済の現状を転換させる措置を取り、共通の努力を通じて温室効果ガスの排出量を削減し、コペンハーゲン気候変動会議の成功を推進しなければならない。

　さらに、我々は協力を通じて核拡散を防止することができる。我々はさまざまなグローバルな脅威に共同で対応することもできる。米中両国の軍事交流の強化を通じて軍事協力の枠組みを構築し、紛争を減らし、継続的な情報交流を通じてテロの陰謀を粉砕し、テロのネットワークを根絶するほかに、粘り強い外交努力を通じて紛争の平和的解決を図ることもできる」。

4　第1回米中戦略・経済対話：グローバルな問題の米中協力

　第1回米中戦略・経済対話で、米中双方は「グローバルな問題に関する米中協力」について以下の点で合意に達した。

(1)　気候変動に関する協力

　「米中両国は世界の最大のエネルギー生産国と消費国として、気候変動対策、クリーンかつ高効率なエネルギーの開発、環境保護、エネルギー安全保障などの分野で共通の課題に直面しているが、共通の利益も有している。米中双方は積極的な国内行動を通じてこれらの課題に対応することを承諾し、このために両国の協力が非常に重要であることを認識している。そのため、米中双方は気候変動、エネルギーと環境協力に関する協力を強化する覚書を準備する。アメリカ側の担当機関は国務省とエネルギー省、中国側は国家発展改革委員会である」。

　この覚書に基づき、米中双方は気候変動の政策対話と協力のメカニズムを構

築し、これにより次の8項目の協力を推進していく。①国内の気候変動への対応戦略と政策に関する議論と交流、②低炭素経済への転換に関する実務的な解決方法、③国際気候変動交渉の成功、④気候調和型技術の共同研究と開発および技術移転、⑤具体的なプロジェクトの協力、⑥気候変動への適応、⑦気候変動に関する国民意識の向上、⑧米中両国の都市および大学間の気候変動への対応に関する協力。また、米中双方は2009年末にコペンハーゲンで開催される国連気候変動枠組み条約第15回締約会議（COP 15）の成功に向けて共同で努力する。

(2) 国際・地域問題に関する協力

米中は両国がともに直面している国際的な課題について議論した。米中は緊密なコミュニケーションと協調を保ち、国際社会とともに紛争を共同で解決し、地域と世界の不安定を引き起こす緊張要素を緩和していくことで合意した。米中双方は安全保障上の伝統的な脅威と非伝統的な脅威が存在する中で、東北アジア、南アジア、中東地域、およびアフリカ情勢に対応するために、共通の努力の必要性を認識している。米中双方は6カ国会談、朝鮮半島の非核化実現のための継続的な努力、および半島と東北アジアの平和と安定を維持する重要性を改めて言明し、国連安保理決議第1874号の執行、平和的手段による半島核問題の解決の重要性を強調した。米中双方はこれらの目標を早急に実現するためにより多く努力を払うことで同意した。米中両国はまた、協調を強化してアフガニスタンとパキスタンの安定と発展を共同で推進することを承諾した。米中は両国のイランと中東地域担当の高官が緊密な協議折衝を継続的に行うことを同意した。

米中双方は両国ともテロリズム対抗の必要性を指摘し、共同の努力を通じて世界の拡散防止と軍備コントロールのメカニズムを強化することを承諾し、2010年に開かれる「核不拡散条約」再検討会議と軍縮交渉会議について議論した。米中双方は既存の安全、軍縮、不拡散、および反テロに関する対話メカニズムの重要性を改めて言明した。米中は対話と協力を通じて国境を越えた犯罪、

つまりテロリスト、麻薬、海賊などに関わる国際犯罪への対応を一層強化することで一致した。

米中双方は戦略・経済対話の枠組みの下で、アジア、アフリカ、中央アジア、ラテンアメリカなどに関する事項について協議を強化し、ともに関心を持つ問題についても協力を拡大し深化することで同意した。

(3) グローバル経済と金融に関する協力

米中双方は共同で建設的にG20とその他の多国間機構と国際会合における協力を推進する。双方は継続的な行動を取りG20サミットで一致した共通認識を実行する。米中双方は国際金融機構の有効性と合法性を向上させるため、そのガバナンスを強化し世界経済の変化に全面的に対応しなければならない。このため、中国を含めた新興国はより大きな発言権と代表性を享有すべきである。

米中双方は共通の努力を通じて国際金融機構を改革し、国際金融機構のガバナンス構造の改善および財務能力の強化によってIMFの政策監督の機能を強め、将来の危機の防止と対応能力の強化を図ることを承諾した。

米中双方はグローバル金融の安定と成長の促進におけるIMFの中心的な役割を支持し維持する。米中双方は世界の2つの主要な経済体として、IMFが加盟国の経済に対し強力な均衡的監督を行う分野で共通の利益を持っている。

米中双方はWTO加盟国がドーハ・ラウンドに与えられた権限に従って交渉パターンに関連する内容を含めた成果に基づき、2010年に積極的なバランスのとれた協議を達成することを呼びかける。双方は当面、経済の非確定的な要素が多い時期に行われる米中2カ国の投資協定についての交渉が、G20のより開放的なグローバル経済に関する承諾に役立つことを改めて強調する。

5　第1回米中戦略と経済対話：景気回復への協調

(1)　マクロ経済分野の協調

　米中両国はグローバル経済危機に対応するため、景気刺激策を全面的に打ち出し、グローバルな需要を引き出す分野で重要な役割を果たした。米中双方はそれぞれ対策を取り国内経済の均衡と持続的可能の成長を促す。そのため、米中双方はマクロ経済政策に関するコミュニケーションと情報交流を強化し、共通の努力を通じてより持続的可能で均衡のとれた貿易と成長を促進するため、国内の需要と関連の価格政策を調整する。積極的な通貨政策を取り、通貨政策の国際経済への影響に適切に対応し、社会インフラ融資の新しい手法を奨励して景気回復を促す。

　アメリカ側は国民貯蓄の国内総生産（GDP）に占める割合を増やす対策を講じる。経済危機の影響によりアメリカ家庭の貯蓄率は明らかに上昇しており、これにより、アメリカの経常収支赤字が大幅に低下した。アメリカ側は家庭貯蓄を継続的に奨励する政策を講じる。アメリカ側はまた医療衛生保険体系の改革を行い、絶えず上昇している企業と政府の医療衛生と保険のコストをコントロールすると同時に、アメリカ全国民に質が高く負担可能な衛生保険を提供する。アメリカは2013年までに連邦政府の予算赤字のGDPに占める割合を持続可能なレベルまでに低下させる。

　中国側は経済構造を継続的に調整し、国内需要を拡大するほか、消費によるGDP成長への寄与度を高めるマクロ経済政策を実施する。サービス業の発展を加速し、そのGDPに占める割合を向上させるため、中国側はサービス業の市場アクセスをさらに拡大し、民間投資分野とチャネルを開拓する。中国側は基本養老保険制度と企業年金を含む社会保障体系の改革を継続的に深化させる。

(2) 金融システムの協調

　透明性で市場原理に基づき運営される金融市場が活力を持ち、グローバル経済の均衡と持続的可能の発展において重要な役割を果たすと、米中双方は認識している。米中は緊密な交流と継続的な協調を通じ金融システムの健全性を向上させるため、金融の安定化の促進、金融分野の改革の加速、金融の監督・管理の改善、および金融市場の透明性の向上について承諾した。

　アメリカ側は全面的な金融改革を行い、将来の潜在的危機を予防・コントロールするため、より安定した金融システムを構築し、金融システムに重大なリスクをもたらすすべての金融企業を適切に監督・管理するように努める。連邦政府支援企業（米政府系 2 大住宅金融会社を含む GSEs）を継続的に強く監督・管理し、国会の行動を通じて、これら企業に債務責任を引き続き履行させることを承諾。また、政府支援企業の将来の発展方向を模索し、第 2 回米中戦略・経済対話までに国会と国民に結果を報告することを決めた。

　中国側は金融体系改革の深化および国内需要の支援における金融の仲介機能の強化を図るため、金利の市場化と消費者金融を推進し、適格海外機関投資家（QFII）の投資限度額を 300 億元まで引き上げる許認可手続きを加速させ、基準に適合する外資法人銀行が銀行間債券市場の関連業務を展開する場合、国内銀行と同等の権利を保有することを認める。また、関連法制度への適合を条件に、A 株の仲買、および投資コンサルティングサービスを提供する合弁証券会社の数を増やすほか、条件を満たす海外企業の株式発行、または預託証書（DR）発行を通じた中国証券市場への上場、条件を満たす中国企業のアメリカを含む海外市場への上場を支持する。

(3) 貿易と投資分野の協調

　米中両国はグローバル貿易に関与し、これから利益を受けている。米中はより開放的なグローバル貿易と投資体制の構築に向けて努力し、保護貿易主義にともに反対する。

貿易と投資を促進するため、アメリカ側は以下の内容を確認した。すなわち、アメリカ対米外国投資委員会（CFIUS）の審査プロセスにおいて投資国・地域にかかわらず、すべての外国投資が同じ公平な待遇を受けられることを保障する。アメリカ側は中国が市場改革により絶えず進展を遂げている点認め、中国側の関心を適切に考慮し、米中商業貿易連合委員会を通じた協力方式により中国の市場経済地位を速やかに承認する。米中双方は「米中ハイテク技術と戦略貿易発展の指導原則」を実行し、「米中ハイテク技術と戦略貿易の重点分野における協力を拡大する行動計画」の策定を加速する。

米中双方は非差別的な政府調達政策の重要性を認識している。そのため、双方は中国が「政府調達協定」（GPA）に加盟するプロセスの加速について、協力を強化することに同意した。この協力には次の内容が含まれる。すなわち、中国は2009年10月に開かれる世界貿易機関（WTO）の政府調達委員会の開催前に、同委員会に報告を提出する。また、中国側は政府調達法の規定に基づき外商投資企業と中国企業の中国国内において生産した製品を平等に取り扱うことを承諾する。アメリカ側は以下の点を確認した。つまり、アメリカの調達規定の下では、所有権を保有しているか否かにかかわらず、アメリカで設立された企業がアメリカにおいて現地生産した製品は、アメリカ国内製品と見なされることになった。

米中双方は貿易融資の経済の持続的成長に対する重要性を評価し、双方の輸出入銀行がこの分野で継続的な協力を行う。双方はまた反マネーロンダリング、反テロ融資（偽札を含む）の分野において協力を強化する。

第10章　コペンハーゲン「COP 15」：米中 G 2 の競演

　　　　　この世界に、アメリカ大統領に向けて机を叩き、怒ることができ
　　　　　る者は何人いるのであろうか。
　　　　　　　　　　　　　　　　　　　　　　　　中国経済学者　雪　原

　2009年11月15〜18日、オバマ大統領は「21世紀に向け積極的、協力的、包括的な米中関係を構築し、共通の課題に対処するパートナーシップを建設する」ため、中国を訪問した。オバマ大統領訪中の成果は2009年11月17日に調印した「米中共同声明」である。この共同声明の中で「 2 カ国間の戦略信頼（Bilateral Strategic Trust）」を確立・強化することにより、「米中はグローバル的安定と繁栄に関わる多数の重大な問題で、より広範な協力の基礎を有し、より重要な共通の責任を負う」と強調した。さらに、今後数週間でコペンハーゲンにおいて開催される国連気候変動枠組み条約第15回締約会議（COP 15）の成功のために、両国は共同で、また他の国とともに努力することを約束した。
　2009年12月 7 〜18日に開かれた COP 15の最大の成果は「コペンハーゲン協定」である。この法的拘束力のない政治宣言のような協定をめぐり評価が分かれているが、オバマ大統領はこれを「重要な最初のステップ」と評価し、温家宝総理はこれを「来之不易、応該得到珍惜（この協定の合意の達成は生易しいことではなく、高く評価しなければならない）」と指摘した。なぜなら、米中にとって、「コペンハーゲン協定」はオバマ大統領訪中の成果の延長線上にあるからである。言い換えれば、オバマ大統領訪中に調印された「米中共同声明」の「気候変動」に関する内容は、「コペンハーゲン協定」の政治原則と協定の枠組みを決定していたからである。

1　オバマ大統領訪中の成果と「コペンハーゲン協定」

　2009年11月に調印された「米中共同声明」の「気候変動」に関する部分で、以下の内容について特に注目すべきである。

　「まもなく開催される COP 15 について、「バリ行動計画」に基づき「気候変動に関する国連枠組み条約」の全面的、有効かつ持続可能な実施の積極的な促進が重要な意義を持つとの認識で、米中双方は一致する。米中双方はそれぞれの国内事情に応じて重要な緩和のための行動を実施することを決意をし、世界の気候変動への対応能力を強化するために持続的に成果をあげる中で、両国が果たす重要な役割を認識している。両国はこれらの責務を果たす決意をしている」。

　この部分で「バリ行動計画」がキーワードとなっている。「バリ行動計画」とは「京都議定書」の第1約束期間（2008～2012年）以降の排出削減の枠組み設定について話し合うための行程表を指す。「バリ行動計画」には、3つの重要なポイントがある。1つ目は国際協力を強調すると同時に、「共通だが差異ある責任の原則」を打ち出している点である。2つ目は「京都議定書」を離脱したアメリカを含む先進国が「気候変動に関する国連枠組み条約」を実施する際、その排出削減に対し測定・報告・検証を行う点である。そして3つ目は発展途上国による気候変動への対応と緩和行動に対する資金支援、技術開発および移転である。

　また、この部分には、排出大国として米中ともに世界の気候変動への対応における両国の重要な役割を認識し、それぞれの国内事情に基づき重要な緩和行動を実施することを約束した。これに基づいて、2009年11月25日、アメリカは「温室効果ガス排出量を2020年に2005年比で17％削減する」という目標を打ち出した。翌26日、中国は「2020年までに単位 GDP 当たり二酸化炭素（CO_2）排出量を2005年比で40～45％削減する」目標を公表した。このように、COP 15開催10日間前に、米中は揃って排出削減目標を公表して COP 15 で「重要な

役割を果たす」姿勢を見せた。

　オバマ大統領訪中の際に発表された「米中共同声明」はCOP 15の成果について次のように触れている。「米中双方は次の点について確信している。すなわち、最終的な法的拘束力のある協定を目指すと同時に、コペンハーゲンで達成される成果は『共通だが差異ある責任の原則』とそれぞれの能力に基づかなければならない。これには先進国の排出削減目標と発展途上国による国内で適当な緩和のための行動が含まれる。また、この成果により発展途上国に対する資金援助を実質的に増加させ、技術の開発、普及および移転を促進し、特に最も貧しい国および最も脆弱な国の気候変動の影響への適応措置の必要性に注意を払うほか、緩和対策の実行、資金の提供、技術と能力構築支援に関して十分な透明性を保つべきである」。

　このように、「米中共同声明」のこの部分によってCOP 15の成果の枠組みが決められた。この枠組みの中で次の3つの重要な内容が強調されている。1つ目は「共通だが差異ある責任の原則」に基づいた「先進国の排出削減目標」と「発展途上国の緩和のための行動」、2つ目は「発展途上国に対する資金援助」と「技術開発と移転」を明言した点である。そして3つ目は排出削減や緩和のための行動、資金支援、技術移転の透明性を求めた点である。

　2009年12月18日に米中主導で達成された「コペンハーゲン協定」は、まさに「米中共同声明」のCOP 15の成果に関する政治的原則と成果の枠組みを具体化したものと言える。「コペンハーゲン協定」の主な内容を見てみる。

　まず、「コペンハーゲン協定」は「共通だが差異ある責任の原則」について次のように指摘している。「気候変動が我々の時代おける最も重大な課題の1つであることを強く主張する。『共通だが差異ある責任の原則』とそれぞれの能力に基づき緊急に気候変動と闘う強い政治的な決意を我々は重視する」。

　「科学的知見に基づき、グローバルな排出量の大幅削減に合意する。IPCCの第4次評価報告書では、グローバルな気温上昇を2度以下に抑えるために、グローバルな排出量を削減する必要性が記述されている。……発展途上国において排出量がピークに達するまでより時間がかかることを認識し、社会と経済

の発展、および貧困の撲滅が発展途上国にとって最優先課題であり、低排出の発展戦略は持続的発展に欠かすことができないことを心にとどめなければならない」。

次に、アメリカを含む先進国の排出削減について、以下のように規定している。「先進国は2010年1月31日までに、別表1の書式に従い2020年に経済全体に対する数量化した排出削減目標を事務局に提出し、個別あるいは共同でこれらの目標を実施することを約束する。……先進国による排出削減の実施状況と途上国への資金援助は、既存の基準と締約国が採択する基準に基づき、測定・報告・検証される。これらの目標と資金援助の説明は厳格性、確実性、透明性が保障される」。

また、発展途上国の緩和行動とその透明性について下記のように記述している。「発展途上国は持続的可能な発展というコンテキストで緩和行動を実施する。……発展途上国の緩和行動は国内の測定・報告・検証を経て、結果は2年に1回の国別報告書で報告される」。

さらに、発展途上国に対する資金支援について次のように具体的に記述している。「先進国は発展途上国による適応措置の実施を支援するため、十分で予測可能、かつ持続的な資金援助、技術と能力構築の支援を行わなければならない」。

資金支援について次のように規定している。「先進国は全体で2010～2012年の間に新たな追加的な資金を発展途上国に提供することを約束する。この資金には森林管理と国際機構による投資が含まれ、約300億ドルに上る」。「意義のある緩和行動と透明性のある実施のために、先進国は2020年までに年間1,000億ドルの資金を共同拠出し、発展途上国の要求に応える」。

また、資金配分の決定機構について、先進諸国が主張していた世界銀行の代わりに、「これらの資金援助の大部分はコペンハーゲン・グリーン気候基金によって行われる」と規定している。

最後に、発展途上国への技術移転について「技術開発と移転を促進するため、技術メカニズムを構築し、気候変動への適応措置と緩和行動を支持し、技術開

発と移転の加速を図っていく」としている。

2　COP 15：「多極の世界の縮図」

　約200カ国、4万5,000人が参加したCOP 15は「多極の世界の縮図」とたとえられる。

　COP 15には、気候変動の歴史的責任、排出削減の中期目標、緩和行動、資金、技術、および透明性をめぐり先進国と発展途上国との対立が際立っているため、これら2陣営がパワーゲームを繰り広げているかのように見える。

　COP 15において先進国陣営と発展途上国陣営は主に3つの点で対立していた。

　まず「共通だが差異ある責任の原則」について、先進国陣営は「共通」というキーワードだけを強調し、排出削減は皆がともに実現すべきであると認識している。これに対して、発展途上国陣営は「差異」を強調している。現在の地球の気候状態は、過去200年間の先進国の高いレベルの工業化によって相当程度もたらされたので、先進国が歴史的責任を負い、排出削減の歩みを速めその実現に力を注ぐべきであると主張する。

　次に、排出削減について、先進国陣営は現在と将来の国全体の排出量に力点を置いているのに対し、発展途上国陣営は歴史的および1人当たりの排出量に注目し、公平性を重視している。

　さらに、資金と技術支援について、先進国陣営はすべての主要国の排出削減参加と透明性確保を条件に挙げ、世界銀行という先進国主導の金融機構によるコントロールを強く求めている。一方、発展途上国陣営は資金と技術支援を国際条約に規定された先進国の「法的義務」としたうえで、新しい資金メカニズムと技術メカニズムの構築を強調している。

(1)　先進国陣営の分解：欧州連合と「アンブレラ・グループ」

　しかし、実際に、先進国陣営はさらに欧州連合とアメリカをはじめとする

「アンブレラ・グループ」の2大勢力に分けられる。

　欧州連合は排出削減の法制度づくり、二酸化炭素排出権取引市場の建設・運営、および低炭素経済の発展などで先行しており、一時は世界の気候変動対策のリーダー的存在であった。欧州連合は気候変動への対応で、アメリカに対し排出削減の責任を果たすべきだと要請してきた。しかし、金融危機の打撃を受けたのち、欧州連合の姿勢は微妙に変化し、発展途上国に対する資金支援と技術移転の問題で「誠意が欠けている」と批判された。

　アンブレラ・グループとは欧州連合を除くその他の先進国を指し、米国、日本、カナダ、オーストラリア、ニュージーランドが含まれる（地図上でこれらの国々は「傘」状に分布している）。このグループは気候変動への対応で欧州連合と異なる立場をとっており、排出削減の中期目標を低く設定しているだけでなく、その実施については中国などの新興国による排出削減の参加を前提条件としている。

(2) 「77カ国＋中国」グループの登場と「デンマーク草案」の廃案

　2009年11月、オバマ大統領が訪中しCOP 15の成功に向け米中の協調を確認してから1週間後、インド、ブラジル、南アフリカと77カ国グループ（G77）の議長国を務めるスーダン代表は北京に集まりCOP 15の交渉における共通の立場を調整した。

　77カ国グループとは、気候変動への対応において立場が似通った開発途上国の発言力強化のために形成されたグループである。発足当時の参加国数が77カ国であったため、このように呼ばれているが、「77カ国＋中国」グループという呼び方もある。COP 15で「G77カ国＋中国」グループの最初の行動は、オバマ大統領に対するアメリカの「京都協議書」復帰を呼びかける声明の発表であった。

　COP 15開幕後の1週間で、「77カ国＋中国」グループは発展途上国陣営の代表として団結し、先進国陣営の欧州連合と「アンブレラ・グループ」と戦った。2大陣営の「対戦」に最初に火をつけたのは「デンマーク草案」と呼ばれた文

書であった。イギリス紙『ガーディアン』に発表されたこの「草案」は主催国のデンマークと欧州のイギリス、「アンブレラ・グループ」のアメリカが密かに作成したと言われていた。

この「草案」には、先進国に対し温室効果ガスの排出削減の義務を課し、発展途上国に対し削減義務を求めない「京都議定書」の原則を覆す内容があった。つまり「発展途上国は削減義務を負うべきであり、後発発展途上国はできるかぎりのことをするべきである」としていた。また、2050年までに1人当たりの排出量を1.44トンに制限するよう求めるが、先進国には1人当たり2.67トンまで認めると記されていた。さらに、アメリカなどの先進国が主導権を持つ世界銀行が、国連に代わり世界各国の排出量削減の調整役を果たすことが提起されていた。

当然ではあるが「77カ国＋中国」グループはこの「デンマーク草案」に猛烈に反発した。一部のアフリカ諸国の代表は記者会見の席上「京都協議書を殺すことはアフリカを殺すことに等しい」と怒りを爆発させた。12月9日、「77カ国＋中国」グループの代表を務めるルムンバ・ディアピン国連大使は記者会見の席上「断固として反対する」としたうえで、「『デンマーク草案』は『京都協議書』に規定された『共通だが差異ある責任の原則』に反しており、先進国はこれまで200年の気候変動の結果に歴史的な責任を負うべきだ」と強調した。国連気候変動枠組み条約のイボ・デ・ボーア事務局長も「『デンマーク草案』は国連の立場を代表するものではない」とする声明を慌てて発表した。さらに、「77カ国＋中国」グループは交渉からグループごと離脱する意向を示した。こうして、議長国デンマークのラスムセン首相は「デンマーク草案」の提示を断念せざるをえなくなった。

(3) 発展途上国陣営の分解：「77カ国グループ」と「BASIC 4カ国」

「デンマーク草案」の廃案にともない、COP 15は数日間の混戦を経て最終的に「コペンハーゲン協定」という政治宣言のような成果に至った。この「コペンハーゲン協定」はアメリカのオバマ大統領と中国の温家宝総理をはじめとす

る「BASIC 4 カ国」の首脳による成果とも言える。

　「BASIC 4 カ国」は中国、インド、南アフリカ、ブラジルといった新興国を指す。COP 15開幕の数日前、インド、南アフリカとブラジルの代表は北京で「作戦会議」を開き、気候外交において協調しCOP 15の成果に関する「北京草案」を準備した。また、12月15日、COP 15のメイン会場で、「BASIC 4 カ国」の環境担当大臣は揃って記者会見を開き、一致して団結する姿勢をアピールした。

　2009年12月18日夜、欧州連合は「コペンハーゲン協定」を受け入れる声明を発表したが、スーダンを代表とする77カ国グループの一部の国は「BASIC 4 カ国」とアメリカとの間でまとめられた「コペンハーゲン協定」に反対する姿勢を示した。こうして、発展途上国陣営は完全に分裂することになった。これによって、12月19日、COP 15は「コペンハーゲン協定」の全会一致での採択を断念し、同協定に「留意する」との決議を採択して閉幕した。

　気候外交における先進国陣営や発展途上国陣営の分裂は、21世紀最初の10年間で見られた「多極的世界」の真実である。この「多極的世界」の取りまとめ役を務めているのは「G 2」、すなわちアメリカと中国である。気候外交において、アメリカと中国は2009年11月の「米中共同声明」で12月のCOP 15の政治原則と成果の枠組みを形成した。さらに、COP 15において、その政治原則の実現と枠組みの内容の具体化について厳しい交渉を行い、最終的に「多極的世界」をリードして「コペンハーゲン協定」を取りまとめたのである。

3　中国気候外交の「三銃士」VSアメリカ気候変動の「保安官」

　COP 15の米中首脳会談で、中国気候外交の「三銃士」の一人、中国国家発展改革委員会の解振華副主任がオバマ大統領に向けて机を叩きながらアメリカの姿勢を厳しく批判したことは、気候外交の歴史に残る一幕となった。

(1) 中国気候外交の「三銃士」：アメリカとの対決

　中国気候外交の「三銃士」とは、中国国家発展改革委員会の気候変動と省エネルギー・環境担当の解振華副主任（大臣クラス）、中国国家発展改革委員会の気候変動局の蘇偉局長と中国外交部の気候変動交渉担当の余慶泰特別代表の3人である。
　解振華副主任は13年かけて中国国家環境保護総局の一般技師から総局長まで昇進した人物で、2005年11月の吉林省化学工場爆発による環境汚染事件で総局長を辞任した。だが、その1年後の2006年12月には国家発展改革委員会の副主任に起用され、復活を遂げた。翌2007年、バリ島で開かれた気候変動会議で中国政府代表団の団長を務め、気候外交の最前線で交渉を指揮した。また、中国の学者タイプの高官と評されており、「気候変動に関する国連枠組み条約」と「京都議定書」を諳んじるほど読み込んでおり、スラスラと引用することがある。COP 15では中国政府代表団の団長として、アメリカ側からの中国に対する非難に対し反論した。さらに「アメリカをはじめとする先進国は温室効果ガス排出量を2020年までに1990年比で40％削減することを承諾すれば、中国も『おつき合いして』グローバルな排出量を2050年までに半減する目標を受け入れる用意がある」とアメリカ側に迫った。
　「三銃士」のもう1人、中国国家発展改革委員会の気候変動局の蘇偉局長は外交部の法律局出身の気候外交の専門家であり、「京都協議書を守る戦士」としてバリ島気候変動会議以降に頭角を現した人物である。COP 15で、蘇偉は中国政府代表団の副団長として、先進国が検討した2012年までの毎年100億ドルの発展途上国支援について「発展途上国1人当たり2ドル未満で、デンマークではコーヒー1杯分」だと皮肉ったことで話題を呼んだ。また、先進国の排出削減目標を批判し「アメリカの排出削減目標は1990年に比べてわずか4％で、目立ったものでもないし、注目に値するものでもない」、欧州連合の目標は「自画自賛するほど野心的でも、実があるわけでもない」、そして、日本の目標については「すべての主要国の参加による意欲的な目標の合意という前提条件を

設定し、これが実現不可能な条件であり、なにも約束していないに等しい」と批判した。

「三銃士」の最後の1人は中国外交部の気候変動交渉特別代表を務める余慶泰である。中国外交部アフリカ局副局長と中国駐タンザニア大使を歴任し、2007年から中国気候外交の「戦士」として、アフリカをはじめとする発展途上国との幅広い人脈を活用して、「77カ国＋中国グループ」を団結させて先進国陣営と戦った。COP 15では「発展途上国が資金支援を求めることは『福祉』としてではなく、先進国が国際協定に基づき履行しなければならない『法的義務』としてである」と発言して、アフリカ諸国から大喝采を浴びたという。

(2) アメリカ気候変動の「保安官」：資金をめぐる論戦

中国気候外交の「三銃士」と対決したのはアメリカの気候変動の「保安官」といわれるトッド・スターン気候変動特使である。スターン特使はクリントン政権時代にアメリカ政府の気候変動政策の担当者として「京都議定書」の交渉に参加したことがある。

2009年12月9日、スターン特使はCOP 15のメイン会場で「疲れた」顔を見せながらも、中国を批判する強硬姿勢を示したと中国メディアは報じた。スターン特使はまず、中国が公表した「2020年までに単位GDP当たり二酸化炭素排出量を2005年比で40～45％削減する」目標について「賞賛」できるとしながら、中国の排出削減は「グローバルな排出削減の枠組みの中に置かれ、国際協定の一部にならなければならない」と指摘した。また、アメリカは「『京都協議書』に復帰することは絶対ありえない」と強調しつつも、「確かにアメリカは過去において環境に影響を与えた。しかし、我々に罪悪感を抱かせる補償要請は固く拒否する」と発言し、発展途上国を驚かせた。

さらに、中国のような膨大な経常収支黒字を持つ新興国は先進国からの資金援助を受ける資格がなく、「中国はアメリカの公共資金を獲得する国にはならない」と述べた。

中国の余慶泰特別代表はスターン特使の発言が「あまりにも常識を欠いてい

る」と反発し、「アメリカは先進国であり、中国は発展途上国である。国連気候変動枠組み条約でも、その責任と義務には本質的な区別がある」と指摘した。これに対し、スターン特使はアメリカと中国の経済の発展段階の違いを認めつつも「排出は排出であり、今後20年間で、中国の排出量が発展途上国の排出量に占める割合が50％に達する」、「これは数学的問題であり、中国が承諾を拒否すると、協議が達成できない」と反論した。余慶泰特別代表は再度「共通だが差異ある責任の原則」を強調し、「京都協議書」から離脱し排出削減目標をあまりにも低く設定し、信用のないアメリカこそ「深く反省すべき」であると批判した。これに対し、スターン特使「我々は中国が排出削減のため努力していることを認める。しかし、将来の協力の構図はまだ描き終えていない」とややトーンダウンした。

中国気候外交の「三銃士」とアメリカ気候変動の「保安官」との対決は結果が得られなかったため、交渉の行方は米中両国の首脳による「歴史的な直接対局」に左右されることになった。要するに、110ヵ国の首脳が参加した気候変動のサミットは、最終的にオバマ大統領と温家宝総理との交渉結果に委ねられることになった。

4 温家宝総理VSオバマ大統領：コペンハーゲン協定が決まった歴史的瞬間

「総理、私と会見する準備はできたか。準備はできたか」。これはオバマ大統領が中国の温家宝総理に会談を求めるときのかけ声であった。

2009年12月18日に、110ヵ国の首脳が参加するCOP15首脳級会合が開かれた。このサミットは午前10時に開催される予定だったが、アメリカのオバマ大統領がなかなか顔を見せないので、11時になっても開催できず、ベネズエラのチャベス大統領はアメリカ大統領の傲慢さに腹を立て退場する騒ぎとなった。正午12時に首脳級会合はようやくスタートしたが、発展途上国の首脳の憤りは収まらなかった。なぜなら、オバマ大統領は一度も他国の首脳とともに着席せず、

演壇側面から壇上に上がり、講演を終えるとそそくさと会場を後にしてしまったからだ。

オバマ大統領は首脳級会合の講演で「まず、すべての主要な経済体は明確な国家行動を提出し、それぞれ排出量を削減しなければならない。私はアメリカが2020年に17％削減の公約を実現すると確信している」と述べた。

アメリカの削減目標を宣言したのち、オバマ大統領は会場にいる中国の温家宝総理を意識し中国に矛先を向け次のように語った。「我々はそれぞれ公約を守っているかどうかを査察するメカニズムを構築し、透明な方式でこれらの情報を交流しなければならない。……このような説明責任がなかったら、いかなる合意もただの1枚の紙にすぎない」。さらにオバマ大統領は挑発的な態度で続けた。

「あなた方が国際的な合意をどのように達成するのか、私にはわからない。我々は情報を共有していないだけでなく、公約の実施を確実なものとするために行動していないからだ。道理に合わない。それは無意味の勝利になるだろう」。

オバマ大統領のこのような強硬な姿勢に反発し、怒った温家宝総理は直ちに退場してホテルに戻った。

アメリカ側から排出削減の透明性確保を求められたものの、中国をはじめとする「BASIC 4カ国」は、アメリカを含む先進国も排出削減に対して厳格性、確実性、および透明性を確保するべきとの姿勢を示していた。また「BASIC 4カ国」の排出削減は自主的な緩和行動であり強制的な国際公約ではないので、国際的な査察を受ける義務はなく、主権を犠牲にしてそれを受けることは拒否するとの立場を表明していた。オバマ大統領は査察メカニズムの構築と透明性の確保を条件に先進国による発展途上国への資金支援計画に参加することを表明し、中国を攻め立てた。

2009年12月18日午後、オバマ大統領が中国を含む20カ国の首脳が参加する会議を主催したところ、温家宝総理の顔は見えず、その代わりに中国外交部の何亜非副部長が中国代表の席に座った。オバマ大統領は温家宝総理に軽蔑されたと感じ、かなり驚いた。その後、アメリカ側の強い要請により、温家宝総理と

オバマ大統領との単独会談が行われた。しかし、夕方のある首脳会合で、温家宝総理が外交部副部長よりさらに格下の外交官、中国気候外交の「三銃士」の余慶泰特別代表を代理として会場に送り込んだことは、オバマ大統領には信じがたいことだった。オバマ大統領が「私は意思決定できる方と会談したい。温家宝総理と会談したい」と述べたが、そのころ温家宝総理はすでにホテルに戻っていた。アメリカ側の再三の要請に対し、中国側は「夜7時ならば温家宝総理とオバマ大統領との会談を設定できる」と答えた。

　ちょうどそのころ、アメリカ側は温家宝総理が「BASIC 4 カ国」の首脳会合を主催している情報を入手した。報告を受けたオバマ大統領は再び驚き、その首脳会合が行われている会場に向かった。会場の入り口で「総理、私と会見する準備はできたか。準備はできたか」と大声で呼びかけると、首脳会合に強引に入り込んだ。中国気候外交の「三銃士」解振華副主任はオバマ大統領のこうした強引な振る舞いを「失礼」なものと見なし、オバマ大統領に対し机を叩いて非難した。

　オバマ大統領が急遽加わったことにより「BASIC 4 カ国」の首脳会合は「BASIC 4 カ国」＋アメリカの首脳会合となった。中国の温家宝総理、インドのマンモハン・シン首相、南アフリカのジェイコブ・ズマ大統領、ブラジルのルイス・ルラ大統領とアメリカのオバマ大統領が顔をあわせたが、実際には、中国の温家宝総理が「BASIC 4 カ国」の代表としてオバマ大統領との取り決めを行った。

　「BASIC 4 カ国」＋アメリカの会合の会場前には、世界の主要メディアが殺到し、COP 15 の運命を決定する歴史的会談の歴史的瞬間を捉えようとしていた。しかし、中国の記者が撮影を終えた直後、中国の警備員がアメリカ・ホワイトハウスのギブズ報道官とアメリカ人記者の入場を禁止したので、大騒ぎとなった。アメリカ政府の担当者が中国側と交渉した結果、アメリカのカメラマン1人だけの入場が認められた。

　実質的な「BASIC 4 カ国」代表の温家宝総理とオバマ大統領との会談の中で、「共通だが差異ある責任の原則」が再度確認されたうえで、先進国の排出削減、

発展途上国の緩和行動、資金支援の規模、技術移転のメカニズム構築、透明性などの問題をめぐり合意が達成された。これによって「コペンハーゲン協定」の形ができ上がった。

　オバマ大統領は「BASIC 4 カ国」と合意した「コペンハーゲン協定」の提案書を欧州連合と「アンブレラ・グループ」の国々に渡し、「飲ませた」。そして、オバマ大統領は直ちに CNN の中継を通じて、「BASIC 4 カ国」との間に合意を達成させるために自分がいかに努力したかを語り、「重要な最初のステップ」と自画自賛した。CNN の中継終了後、オバマ大統領は空軍 1 号機に乗り込みコペンハーゲンから離れた。

　ほぼ同じころ、温家宝総理も専用機に乗って帰国した。米中は「COP 15」において「G 2」として競演し、両国の取り決めを COP 15に反映させた。

　「コペンハーゲン協定」に対する評価が分かれているが、アメリカ紙『ワシントン・ポスト』は次のように伝えた。「気候変動の交渉として、COP 15の成果が不十分かもしれない。しかし、COP 15は「新たな世界秩序」を映し出すことに成功した」。ドイツ通信社はこの「新たな世界秩序」について次のように評した。「アメリカと中国は合唱団を指揮し、新興国と西側諸国が独唱パートを、残ったその他の国が合唱パートを担当する」。

終　章　未完の対局：米中Ｇ２のパワーゲーム

　　中国には「山重水复疑无路，柳暗花明又一村（目の前には連なる山と曲がりくねった川しか見えず、もう道はないのかと思ったら、柳の木陰と明るく咲いている花が見えた。また１つ村がある）」という言葉がある。歴史的に見ると、中国とアメリカとの間の矛盾と対立はすべて１つ１つと「迎刃而解（竹を割るとき、初めの節を割れば、後は自然に割れていくように、問題がすらすらと解決されること）」となる。中国とアメリカとの政治と経済関係は必ずより一層緊密になる。

温家宝総理　2010年３月24日

1　米中の未完の対局(1)：2010年春から始まった人民元攻防戦

(1)　シューマー上院議員、再び登場

　「尊敬するガイトナー財務長官とロック商務長官、我々はこの手紙を通じて中国の継続的な通貨操作に対する深い憂慮を示したい。中国は固定レートで人民元をドルにリンクさせることを通じ、輸出製品に対する不公正な補助を行うとともに、外国からの輸入製品を中国市場において不利な環境に置かせている。我々がアメリカ経済の強い回復を促すために、活用可能なすべての資源を動員しこの重要な貿易問題を緊急に解決しなければならない。我々は財務省と商務省に対し、この書簡で提案している行動を実施し中国の通貨操作行為に対処することを求める。これらの行動は、アメリカ企業と労働者による中国企業と労働者との公平な競争、およびアメリカ経済の回復と成長の促進に役立つもので

ある」。

　2010年3月15日、シューマー上院議員をはじめとする共和・民主両党の130名の議員は連名でガイトナー財務長官とロック商務長官に書簡を送り、2010年4月15日に主要貿易相手国の為替政策報告書を公表する際、中国を「為替操作国」と認定し、中国の対米輸出製品に対して補助金相殺関税を課すことを強く要請した。

　シューマー議員らの書簡はまず中国を「為替レート操作国」と認定し、次に人民元の切り上げについて中国と交渉を行い、交渉が不調となった場合、中国をWTOに提訴することを提案している。今後5年間でアメリカの輸出を倍増させる計画を打ち出しているオバマ大統領も、人民元為替政策について「市場主導の為替レートへの転換」を要請する発言を繰り返した。3月24日、アメリカ下院歳入委員会は人民元為替レートに関する公聴会を開き、人民元の大幅な切り上げを迫った。米ピーターソン国際経済研究所のバーグステン所長はこの公聴会で証言し「中国が1日平均10億ドルのドル買い・人民元売り介入を続けた結果、人民元相場は最大40％過小評価されることになった」と指摘し、「今こそ中国を為替操作国と認定すべきだ」と強調した。この公聴会において、財務省が中国を「為替操作国」と認定したうえで、国際通貨基金やWTOなどの多国間の枠組みを通じ、人民元の大幅な切り上げを迫るべきとの方向性で一致した。こうして、2010年、米中間で熾烈な人民元の攻防戦が再び展開されることになった。

　「人民元は過小評価されていない」。温家宝総理はアメリカからの人民元切り上げ圧力に対しこのように反論した。「我々は2009年に37カ国の対中輸出について統計をとった。そのうち、16カ国で対中輸出が伸びたことがわかった。例えば、2009年には、欧州連合の輸出は全体で20.3％減少となったが、対中輸出についてはわずか1.5％の減少にとどまった。ドイツの場合、対中輸出が760億ユーロにも達し、過去最高値を記録した。アメリカの輸出は全体で17％減少となったが、対中輸出の縮小規模がわずか0.2％であった。国際金融危機が発生し蔓延していた時期、人民元為替レートは基本的に安定を保ち、グローバル経

済の復興に多大な貢献をした。……2008年7月から2009年2月までは世界経済が最も困難な時期であり、中国の輸出は16％減少し、貿易黒字も1,020億ドル減少した。……我々は国家が互いに非難し合い、強制的な方法で1国の為替レートを切り上げさせることに反対する。このようなやり方は人民元為替レートの改革に役立たない」。

(2) 米財務省、「為替報告書」の公表を延期

2010年4月6日、ケイトー研究所貿易政策研究センターのダニエル・アイケンソン副所長は「米中貿易不均衡の真実」と題する寄稿論文の中で、人民元の過小評価が米中貿易不均衡をもたらし、貿易不均衡がアメリカの失業率を上昇させた原因とする論調について、次のように反論した。「人民元の過小評価が指摘されている。しかし、過去のデータによって、人民元の切り上げがアメリカの対中貿易赤字を減らすことができないことは証明されている。例えば、2005年7月から2008年7月までの間に、人民元の対ドル為替レートは21％上昇したが、アメリカ国勢調査局の貿易統計データによると、この期間中にアメリカの対中貿易赤字は逆に2,020億ドルから2,680億ドルに拡大した。理論的な予測では、人民元が切り上げられた場合、アメリカ人による中国製品購入が減少することになるが、2005年から2008年までの間、アメリカの中国からの輸入額は943億ドル増え、39％の大幅増となった。……人民元為替レートと米中貿易不均衡との関連性は国会議員たちが考えているよりも弱く、貿易不均衡とアメリカの失業率との関連性はさらに弱い」。経済協力開発機構（OECD）のアンヘル・グリア事務総長は「為替レートの変動は短期的に貿易に影響するが、根本から貿易不均衡の問題を解決できない」と指摘した。さらに、ノーベル経済学賞受賞者のコロンビア大学のジョセフ・スティグリッツ教授は「アメリカの国会議員が中国とアメリカの貿易不均衡の原因を人民元レートに求めるのは、中国の貿易黒字ばかりに着目し、中国がアメリカから大量のサービスを輸入していることを見落としているからである。人民元レートが切り上げられたとしても、今の貿易問題は解決されない」と分析している。

中国を「為替レート操作国」に指定し、人民元為替レート問題のWTOへの提訴を求めるアメリカ議員たちの提案について、「このようなやり方はリスクが非常に大きい」とブルッキングズ研究所のプラサド上級研究員は述べ、議員たちの強硬な姿勢に不安を示した。米経済戦略研究所のクライド・プレストウィッツ所長は「アメリカの圧力に屈すると受け取られたくない中国指導層をかえって頑なにさせる危険がある」と述べ、為替操作国の認定が中国の態度を硬化させ、逆効果になると指摘した。イギリス紙『フィナンシャル・タイムズ』の評論家アラン・ベイティは「アメリカは人民元為替レートが過小評価された分を補うために、一方的に中国からの輸入製品に対して関税を課せば、グローバル貿易体系を破壊する『核攻撃』となる。現在、アメリカはそこまで絶望していない」と分析した。

2010年3月19日、アメリカ駐中国大使のジョン・ハンツマンは北京で「アメリカ財務省が中国を『為替レート操作国』と認定することはないであろう」と述べ、次のように指摘した。「4,000億ドルの貿易パートナーとしての経済関係は、米中双方に利益をもたらすべきである。アメリカ政府と財務省は最終的に米中両国の利益に相応しい決定を下すだろう。この問題は最終的に米中双方がともに満足できる形で解決されると確信している」。スタインバーグ国務副長官もほぼ同じ時期ワシントンで「経済問題、特に為替政策について、米中両国はともにグローバル経済復興を維持する共通の責任を負っている。我々は努力を通じて経済と世界貿易の再バランスを図っている。我々は議論に積極的に参加しており、最適な方式でこれらの目標を達成する」との談話を発表した。

そして2010年春から始まった人民元の攻防戦は、4月上旬にドラマチックな展開を見せた。4月3日、ガイトナー米財務長官は4月15日に予定されていた「為替報告書」の公表を延期し、中国が為替操作国にあたるか否かの判断を先送りすることを明らかにした。

終　章　未完の対局：米中G２のパワーゲーム　147

2　米中の未完の対局(2)：グローバル的関係の「呉越同舟」

(1)　中国の「核心利益」とアメリカの「関心事項」

　「中国が為替操作国にあたるか否かを判断する『為替報告書』の公表延期は中国からイランに対する追加制裁への賛同を得るための交換条件ではない」。2010年4月4日、オバマ大統領の経済顧問・ローレンス・ヘンリー・サマーズ国家経済会議委員長はCNNの番組「State of the Union」に出演し、人民元切り上げをめぐる米中攻防戦でアメリカ側が軟化した原因は、核開発を続けるイランに対する追加制裁で中国に姿勢の変化を求めるためではないと述べた。4月1日、オバマ大統領は大統領専用機内で胡錦濤国家主席と約1時間にわたり電話会談を行い、イランの核開発を阻む国際的な取り組みに中国も加わるよう要請した。
　この会談で、オバマ大統領は胡錦濤国家主席が4月12日からワシントンで開催される核安全保障サミットへの出席を決めたことについて、「歓迎する」と伝えた。さらに、「米中が積極的、協力的、全面的な関係を進展させることは両国にとって非常に重要であり、世界にとっても非常に重要である」と指摘した。胡錦濤国家主席は「台湾問題とチベット問題は中国の主権と『核心利益』に関わっており、これらの問題の適切な対応が米中関係の安定と発展にとって非常に重要である」と強調した。これに対して、オバマ大統領は「アメリカ側が『1つの中国』政策を全面的に確認し、これが中国の核心利益であることを認める」と述べた。オバマ大統領はまた、グローバルかつ地域的なさまざまな課題への対応について、「両国が広い範囲で共通の利益を持っているので、こうした面における協力を強化したい」と要望した。
　台湾への武器売却、ダライ・ラマとの会見、人民元切り上げなどの問題によって、関係が一段と悪化する恐れもあった米中関係は、なぜドラマチックな展開を見せることになったのだろうか。

(2) 米中の2カ国関係とグローバル的関係の均衡

「中国は我々と協力することを準備している。両国の元首は双方の代表団がニューヨークでイランに対する追加制裁の決議について協力を行うことを指示した。これこそは我々がやりたいことである」。

2001年4月13日、ワシントン核安全保障サミットに出席する胡錦濤国家主席とオバマ大統領が約1時間の会談を行ったのち、オバマの首席中国問題顧問、ブルッキングズ研究所上級研究員ジェフリー・バーダー（Jeffrey Bader）はマスメディアに対して、イランの核問題で、中国側がアメリカと協力する意向を示したことを説明した。

アメリカ財務省は4月15日に予定されていた「為替報告書」の公表を延期し、胡錦濤国家主席が4月12日から開かれるワシントン核安全保障サミットに出席した。これはアメリカ外交政策の1つの勝利であると、2010年4月12日のBBCの米中関係に関する報道文章が分析した。アメリカ戦略国際問題研究所（CSIS）のボニー・グレイザー（Bonnie Glaser）研究員は、オバマ大統領の1つの戦略は2カ国関係が米中のグローバル的関係における協力を阻害することを極力避けることであると指摘した。

実際に、米中対局は「碁盤」上で2つの戦略が同時に展開している。1つは米中の2カ国関係、もう1つは多国間のグローバルな関係をめぐる戦略である。米中の2カ国関係は当面、人権、台湾、チベット、および人民元為替レートに関する問題で、アメリカが「攻め」、中国が「守り」の情勢が続くと見られるが、多国間のグローバルの関係では、双方の「攻め」と「守り」が逆転した形となっている。

米中の2カ国関係は主に両国の政治、経済、貿易に関連している。政治関係には人権、台湾、およびチベット問題といった米中国交樹立以来、30年間解決できない歴史的な難問が存在している。経済貿易関係は、チャイメリカ（米中融合体）という言葉に象徴されるように、すでに緊密に融合している。米中がマクロ経済、金融システム、貿易と投資など分野における協調が進展している

が、米中貿易不均衡とそれに関わる人民元為替レートの問題が難問として存在している。

一方、多国間関係というグローバルな関係において、アメリカは世界経済の再均衡、WTOドーハ・ラウンド交渉、イランと北朝鮮の核問題、核拡散防止と軍縮、反テロ、気候変動などの問題で、中国からの協力を期待している。クリントン国務長官とガイトナー財務長官が指摘したように、アメリカまたは中国が単独でグローバルな課題を解決することできず、両国が連携しなければ、いかなるグローバルな難問も解決できないのは確かである。中国が経済発展のために平和と安定を求めているので、グローバルな問題の対応では、米中双方は共通の利益を追求する「呉越同舟（仲の悪い同士であっても、危機に直面したときは力を合わせて切り抜けること）」となるであろう。

しかし、台湾、チベット、および人民元切り上げに関わる問題により、米中２カ国関係が「困難な局面」に陥った場合、中国はアメリカの期待どおりグローバルな問題の解決のために、全面的に対米協力を行うことはないであろう。イランの核問題における米中の立場の相違はその一例である。台湾やチベット問題といった中国の「核心利益」に関わる問題で、アメリカが中国の期待に反する動きを見せたため、逆にアメリカの「核心利益」に関わるイランの核問題では、中国はアメリカの「対イラン制裁強化」の立場に難色を示した。要するに、グローバルな問題の対応における米中の「呉越同舟」は、米中の２カ国関係に大きく左右されるのである。

2001年４月13日、オバマ大統領との会談で、胡錦濤国家主席は米中関係の発展について５つの要点を主張した。「一、適切な行動を通じて共同で挑戦に対応するパートナー関係を構築する。二、お互いに相手の核心利益と重大の関心事項を尊重する。台湾とチベット問題は中国の核心利益に関わっている。アメリカ側が約束を守り、これらの問題を適切に対応して米中関係が損なわれないように期待する。三、両国の首脳の緊密な連携を保つ。第２回米中戦略と経済対話が積極的な成果を取得することを推進する。四、経済貿易、反テロ、エネルギー、環境、法の執行などの分野における交流と協力を深化させ、高速鉄道

と社会インフラ建設などの新しい協力分野を開拓する。五、地域とグローバル的問題でコミュニケーションと協調を強化する。特にマクロ経済政策の協調、G20枠組み内の協力を通じて世界経済のさらなる回復を推進する。中国側は気候変動、核安全、国連安保理の改革、イラン核問題、朝鮮半島の核問題、南アジアの安定などの問題で、アメリカ側とのコミュニケーションと協調を強化する意欲がある」。言い換えれば、イラン核問題、朝鮮半島の核問題、気候変動、核安全、マクロ経済政策の協調といったアメリカ側の「重大の関心事項」について、中国はアメリカと協力する意欲がある。しかし、台湾とチベットといった中国の「核心利益」に関わる問題で、アメリカが適切な対応をしない場合、グローバル的問題における米中協力が損なわれると、中国がアメリカを牽制している。また、人民元為替レートの問題について、胡錦濤国家主席は「中国が人民元為替レート形成メカニズムを改革する方向性は確固としたことである。しかし、外部の圧力の下で人民元の切り上げを実施することはない」と強調した。これに対して、オバマ大統領は「中国が人民元為替レートの問題を1つの主権的問題と見なすことが理解できる。しかし、市場に主導される為替レート政策は中国自身の利益に符合し、中国経済が輸出頼みから国内消費への転換にも有利なのである」と指摘した。

(3) 米中はグローバル・ガバナンスの絶対必要な枢軸国？

「最も親しい友人との間でもすべての問題で同じ考え方を持つことは不可能であろう。米中関係も同じだ。米中関係はすでに成熟しているので、我々は意見の違いを率直に議論すると同時に、共通の利益で協力を継続することができる。米中関係は過去30年間で健全な発展を辿ったが、このような困難の時期もまれにあった」。オバマ大統領が述べたように米中関係は「21世紀を形づくっていく」。積極的、協力的、全面的対中関係はアメリカ外交政策の中に最優先項目の1つである。我々は「米中戦略・経済対話」というかつて行われることのなかった両国の高官の年度会合を通じて米中関係の健全的発展を推進する。我々は中国との密接な協力を通じ、2010年5月に開かれる第2回米中戦略と経

済対話を準備している」。2010年3月中旬、国家安全保障会議のベーダーアジア上級部長とともに北京を訪問したスタインバーグ国務副長官は「米中関係は良好だ」との見方を示した。

　温家宝総理は次のように述べている。「中米関係は我々の最も重要な外交関係である。この関係は米中両国と両国の人民の根本的な利益に関わるだけではなく、ある意味で両国の範囲を超えている。……中米関係30年間の歴史が教えてくれることは、和が双方に利益をもたらし、闘いが双方を傷つけ、相互信頼が双方をともに前進させ、疑いが双方をともに後退させる。対話は対抗より利益をもたらし、協力は抑制より効果的であり、パートナーはライバルよりよいものだ。我々はこのような視野から努力し中米関係の発展を促進すべきである」。このように「和」、「相互信頼」、「対話」、「協力」、「パートナー」というキーワードを強調し、中米関係の発展を促進する意欲を見せた。

　「米中はグローバル・ガバナンスに欠くことのできない枢軸国を構成する」。
　2010年3月22日、アメリカのニュース雑誌『タイム』は「10 Ideas for the Next 10 Years（今後10年間の10大アイデア）」と題する特集の中で、米中G2論を次のように展開した。「米中はグローバル・ガバナンスに欠くことのできない枢軸国を構成する。しかし、これは米中が最良の友人同士となることを意味していない。このユニークな発展を遂げている関係は先例がない。両国は競争しそして協力するだろう。おそらく競争と協力は同時に進められるだろう。このようにして、両国が共通した利益を得ることができるグローバル・システムを構築し、支えるのである」。

　競い合うときもあれば、協力し会うときもある。あるいは、競いながら協力し合う。これこそ米中G2パワーゲームの本質であると言えよう。

付録:オバマ大統領の上海における大学生との対話集会[注]
（2009年11月16日）

　オバマ大統領は会場の上海の学生からの質問やオンラインで寄せられた質問に答えた。

　オバマ大統領は上海市の科学技術博物館で対話集会を開き、講演を行った後、学生との質疑に応じた。

　以下は、ホワイトハウス報道官室発表の講演と質疑応答記録の翻訳。

1　オバマ大統領による講演：中国の未来のリーダーたちとの対話集会

中国、上海科学技術博物館
中国現地時間午後1時18分

　ノンホウ（上海語でこんにちは）。こんにちは（英語で）。上海で皆さんと対話する機会を持てて光栄です。復旦大学の楊学長の温かいもてなしと丁重な歓迎に感謝します。また、優秀な駐中国大使のジョン・ハンツマンにも感謝します。彼は両国の深い結びつきと相互尊重の関係を体現している。（大使が中国語で大統領を紹介したことについて）彼が何を話したかはわかりませんが、よい内容であったことを願います。（笑い声）

　まず初めに私がスピーチを行い、それから本当に期待している質疑応答に移りたいと思います。質問は会場の学生の皆さんからだけでなく、オンラインで

[注] 出典：beijing.usembassy-china.org.cn/111609th.html（アメリカ中国大使館公開資料より松原香理が翻訳）。

も寄せられており、会場の学生とハンツマン大使が代わりに読み上げてくれます。大変申し訳ないことに、私の中国語は皆さんの英語に及びませんが、この対話のチャンスを楽しみにしています。

今回私は初めて中国を訪問し、荘厳な国の姿を見て大変興奮しています。ここ上海で世界中が注目する発展の様子——聳え立つビル、活気に満ちた通り、企業活動を我々は目にしました。これらは中国が21世紀に踏み出したことを示しており、強い印象を受けました。一方で、中国の悠久の歴史を今に伝える名所旧跡をぜひ訪ねたいと思っています。明日と明後日の北京訪問の際に、壮麗な故宮と奇跡と呼ぶにふさわしい万里の長城を見学したいと思っています。まさにこの国は豊かな歴史を有するとともに、約束された未来への自信に溢れています。

我々両国の関係についても同様のことが言えます。上海が米中関係史上重要な意義を持つ都市であることは言うまでもありません。37年前ここで発表された上海コミュニケは我々両国政府および両国民の関係の新たな章を開きました。しかし、米国とこの都市、そしてこの国との結びつきはさらに遥か昔の米国独立初期にまで遡ることができるのです。

1784年、我々の建国の父ジョージ・ワシントンはエンプレス・オブ・チャイナ号を就航させ、この船は中国沿岸に向かい清朝に通商を求めました。ワシントンは米国国旗を掲げたこの船が世界各地を巡り、中国のような国々と新たな関係を構築することを望んでいました。これは米国人共通の願望、つまり新たな地平線を目指し、互いに利する新たなパートナーシップを築き上げたいという願いなのです。

その後2世紀の間、両国の関係は歴史の奔流に押し流されさまざまな方向に向かいました。しかし、激動の時代の中でも両国の国民は機会をとらえ関係を

深めました。こうした結びつきは感動的ですらありました。例えば、第2次世界大戦中に中国上空で撃墜され落下した米国人飛行士を中国の人々は危険を全く顧みず手当てしてくれました。このことを米国国民は永遠に忘れないでしょう。占領からの中国解放に助力した米国人退役兵がかつての戦地を訪れたときも、大戦に参加した中国人退役兵は彼らを温かく迎えてくれました。

40年ほど前には、それまでと異なる形で関係が築かれました。卓球という特別ではないスポーツの試合がきっかけとなり両国関係は緊張緩和の方向に動いたのです。我々の間には多くの相違点がありながらも、共通して持っている人間性と好奇心が現れた結果、こうした意外な結びつきが成果をあげることになりました。ある米国人選手は中国訪問について「中国の人々は我々と同じだ……この国は米国とよく似ているが、大きな違いもある」と感想を記しています。

この小さな契機が上海コミュニケの発表につながり、最終的に米国と中国は1979年に国交を樹立しました。この30年で我々がどれだけ大きく関係を発展させてきたかを見てほしいのです。

米中貿易額は1979年に約50億ドルでしたが、現在では4,000億ドルを上回っています。貿易は多くの面で我々の国民の生活に影響を与えています。米国は我々が使うコンピューターの多くの部品や我々が着る服をいずれも中国から輸入しています。我々は中国にその産業で必要となる機械を輸出しています。この貿易関係は太平洋両岸でより多くの就業機会をつくり出し、我々人民がより質の高い生活を享受することを可能にします。需要のバランスが保たれれば、より広範な繁栄につなげることができるのです。

1979年に樹立した米国と中国の政治的協力関係は、主にソ連を共通の敵とすることで成り立っていました。現在我々は積極的・建設的・包括的な関係を築

いていますが、これに基づき現代の重要な世界的課題の解決に向け協力しあうことが可能になりました。経済回復、クリーンエネルギー開発、核兵器拡散防止、気候変動の影響、アジアおよび世界の平和と安全の促進といった課題は、いずれも明日の胡主席との会談で議題になるでしょう。

1979年当時、我々両国民の交流はかぎられていました。現在、当時の卓球選手たちの好奇心は多くの分野における結びつきに姿を変えました。米国の外国人留学生のうち中国出身者は2番目に多く、中国語を学ぶ米国人学生は50%増えました。約200の友好都市が両国の地域コミュニティを結びつけています。米中の科学者は協力しあい新たな研究・発見に取り組んでいます。そして、もちろん姚明は我々両国民がバスケットボールを愛している証です。今回の訪問で上海シャークスの試合を観戦できず残念に思います。

我々両国の関係は積極的な変化の時期をともに経てきましたが、これは偶然ではありません。中国は数えきれないほど多くの人々を貧困から脱却させるという人類史上前例のない成果をあげただけでなく、国際的な問題においてもさらに大きな役割を果たしています。一方、米国は冷戦を成功裏に終結させると同時に、経済成長と国民の生活水準の向上を実現しました。

中国には「温故知新」という格言があります。確かに、これまでの30年間我々は挫折と不和を経験してきました。我々の関係に不一致や困難がなかったわけではありません。我々が敵対すべきとの考え方は不変のものと定められてはいません。過去を振り返ってもこのようなことはないでしょう。実際に我々は協力関係にあるので、米中両国はさらに繁栄しさらに安全が維持できるのです。我々は共通の利益の上に立脚し相互尊重に基づく結びつきから得られる成果を目にしてきました。

しかし、こうした結びつきの成功は理解、胸襟を開いた対話の継続、そして

相互の学びあいにかかっています。先ほど触れた米国人卓球選手が指摘したように、我々には人間として多くの共通点がありますが、いくつかの面で我々両国には違いがあるのです。

　国家はそれぞれ自身の針路を定めるべきだと私は信じています。中国は悠久の歴史と奥深い文化を持つ国です。これに対して、米国は国としては若く、文化も多くのさまざまな国からやって来た移民や民主主義を導く建国の文書によって形成されました。

　これらの文書の中で人類に関する問題について簡単なビジョンが提起され、いくつかの核心的な原則が記されました。すべての男女は平等につくられており、基本的権利を有している。政府は民意を反映させ、人民の願いに応えなければならない。商業・貿易を開放し、情報を自由に流通させなければならない。司法は人ではなく法によって運営しなければならないと。

　もちろん、我が国の歴史にも困難に満ちた時期がなかったわけではありません。多くの面で長年にわたり、我々は国民全体に約束したこれらの原則の実現を目指し、より完全な連邦を築くために努力してきました。我々は非常に痛ましい南北戦争を経験し、人口の一部を奴隷から解放しました。女性が選挙権を獲得し、労働者が団結権を勝ち取り、世界各地から集まった移民が完全に受け入れられるまで時間を費やしました。アフリカ系アメリカ人は奴隷解放後も隔離され不平等な扱いを受けましたが、完全かつ平等な権利をつかむまで耐え続けました。

　これらはいずれも容易なことではありません。しかし、我々はこれらの核心的な原則に対する信念を持ち前進しました。これらの原則は羅針盤として最も暗い嵐の中で我々を導いてくれました。だから、リンカーン大統領は南北戦争の最中に立ち上がり、この戦争を自由な精神に育まれ「すべての人は生まれな

がらにして平等であるという信条にささげられた」国家が永続できるか否かを明らかにする戦いだと明言したのです。マルティン・ルーサー・キング牧師はリンカーン記念堂前の階段に立ち、我々の国がその信条を真の意味で実現することを求めることができたのです。中国からケニアまで各国からの移民が米国で定住することができました。機会は求めようと努力するすべての人に開かれています。そして、私のようにかつて投票することさえ困難だった者が、50年も経ていない現在、大統領を務めることができるのです。

さらに米国は世界でこれらの核心的な原則を訴え続けています。我々は他国に政治体制を押しつけようとはしませんが、我々が主張する原則が米国特有のものであるとは考えていません。表現と信仰の自由、情報アクセスと政治参加の自由は普遍的な権利であると我々は認識しています。これらは米国、中国、いずれの国においても民族的、宗教的マイノリティを含むすべての人々が享受すべきものです。実際に、普遍的な権利の尊重は米国の他国に対する開放性、異なる文化の尊重、国際法の遵守、未来に対する確信につながるのです。

これらは皆さんに知ってほしい米国の状況です。私も中国について多くのことを学ばなければなりません。この素晴らしい都市を見渡し――このホールを見渡してみて――両国には重要な共通点があることを確信しました。それは未来に対する自信です。米国も中国もこれまでの成果に甘んじることはありません。中国は悠久の歴史を有していますが、人々はまた自信と大志を抱き未来をしっかりと見つめ、明日の世代が現世代よりも繁栄するために貢献しようという決意を持っています。

我々は中国の経済発展だけでなく、科学研究におけるただならぬ努力にも敬服しています。インフラ建設からテクノロジー応用に至るまであらゆる面でこうした努力は看て取れます。中国は世界最大のインターネット・ユーザーです。インターネットが本日の集会の一部として組み込まれていることを嬉しく思い

ます。中国は世界最大の携帯電話ネットワークを有し、持続可能な成長を維持し気候変動にも対応可能な新型エネルギーの開発に投資しています。今後米国と中国がこの重要な分野で協力関係を深めることに期待しています。しかし、最も重要なのは、中国の未来は皆さんが握っているということです。若者の能力と献身的な精神と夢が21世紀の形成に大きな役割を発揮することになるでしょう。

　私は何度も述べてきましたが、この世界は根本的に相互に結びついていると信じています。我々が取り組む仕事、我々が守る環境、我々が築く繁栄、我々が求める安全——これらはいずれも共有されています。こうした相互に結びついた関係に基づけば、21世紀においてパワーはもはやゼロサム・ゲームではないのです。一国の成功は他国の犠牲の上に成り立つ必要はありません。だから、米国は中国の台頭を抑える意図がないことを表明しています。それどころか、米国は中国を強大な力を持つ繁栄と成功を手にした国際社会の一員として歓迎します。皆さんのような中国人1人ひとりの権利、実力、創造性を生かす国としての中国を。

　前述の格言、「温故知新」に戻りましょう。大国同士が衝突よりも協力することでより多くのものを得られることを我々は知っています。これは人類が繰り返し学んできた教訓であり、我々両国間の歴史の中でも示されてきました。協力関係は政府間にとどまるべきではないと強く信じています。それは国民に根ざしていなければなりません。我々が共同で進める研究、取り組む仕事、習得する知識、さらにプレーするスポーツでさえも。これらの架け橋は皆さんのような若者と米国の若者が築くべきなのです。

　こうした理由から、中国で学ぶ米国人学生数を10万人まで大幅に増やす米国の計画について発表できることを、私は喜ばしく感じています。このような交流が我々両国民の関係構築を確実に進め、同様に皆さんが力を発揮し21世紀の

運命を決定していくのは間違いありません。米国の最も優れた使者は我が国の若者であると確信しています。彼らは皆さんと同様、才能とエネルギー、そしてまだ書かれていない将来の歴史に対する楽観主義に満ちています。

だから、これを我々両国と世界に貢献する協力を着実に継続していくための次のステップとしたいのです。そして今日の対話の中から得られるものがあるならば、それをきっかけにこうした対話を引き続き進展させることを望んでいます。

2　オバマ大統領の上海における大学生との対話集会

どうもありがとう。皆さんから質問に答えるのを楽しみにしています。どうもありがとう。(拍手)

私はこの対話を円滑に進めたいと思っています。ところで、このような対話集会は米国では伝統的な、よく見られるスタイルです。我々は、皆さんが質問したい場合は手を挙げ、私が指名するという形で進めていきます。私は会場の皆さんの質問と学生の代表が読み上げるオンラインで寄せられた質問に交互に答えます。このほかに、大使館のウェブサイトに寄せられた質問をハンツマン大使が読み上げてくれるでしょう。

では、始めましょう。進め方は男子学生の次に女子学生を指名するという形で、皆さんが不公平と感じないように、これを繰り返します。いいですか？では、前列の女性から始めましょう。このマイクが手元に届くまで待ちましょう。あなたの声が皆さんに聞こえるように。名前は？

質問者：○○○（聞き取れない）です。復旦大学の学生です。上海とシカゴは1985年以降、姉妹都市として、経済、政治、文化面の幅広い交流を行ってい

ます。米中各都市間でこのよう友好関係を深めていくために、どのような取り組みをお考えですか。また、来年上海で万博が開催されますが、ご家族と万博を観覧する予定はありますか。ご回答お願いします。

　大統領：質問ありがとう。私はここに来る前に、ちょうど上海市長と昼食をともにしましたが、市長は私の故郷であるシカゴととてもよいつながりを持っており、シカゴを2回訪問したことがあると語っていました。都市がこうした交流を行うことは非常に素晴らしいと思います。

　私と市長が議論した内容の1つは、両都市がどのようにクリーンエネルギー戦略において互いに学び合えるかということです。人口増加と気候変動への懸念の高まりにともない、カーボンフットプリントをどのように減少させるかが、中国と米国の共通の課題の1つとなっているからです。明らかに、人口1人当たりで換算すると、米国と多くの発展途上国のエネルギー消費量は、中国よりも遥かに多くなっています。ただし、中国も成長と発展にともない、さらに多くのエネルギーを使用することになるでしょう。このため、両国は新戦略を見つけることに非常に大きな関心を持っているのです。

　我々は公共交通や上海で発展している素晴らしい軌道交通について話しました。シカゴと米国においても、現在進行中の高速鉄道建設プロジェクトの優れた成果から学べる点があると思います。

　米国で、我々はよりエネルギー消費量の少ない、エネルギー効率の高い建築物の開発を学んでいるところです。今回の訪問で上海においても多くのクレーンや多くの建設中の新しいマンションを目にしましたが、これらの新技術を吸収することはとても重要なことであり、それぞれのビルの照明や暖房の面における効率的なエネルギー利用につながるでしょう。このため、お互い学び合う絶好の機会を迎えていると思います。

市長はクリーンエネルギーが上海万博の主な注目点になると話していました。私は喜んで万博を訪問したいです。私のスケジュールはまだはっきりしていませんが、万博で米国館が素晴らしい展示を行う予定となっており喜ばしく思っています。観覧者数が7,000万人にも達すると見込まれているそうですね。多くの人で賑わい、人々をわくわくさせるものとなるでしょう。

　シカゴはこれまで2回万博を開催し、その2回とも都市に非常に大きな推進力をもたらしました。上海においても同じような状況になることを確信しています。

　ありがとう。（拍手）

　オンラインで寄せられた質問の1つを取り上げてみましょう。では、あなた自己紹介を、もし……。

　質問者：まず中国語で話し、その後英語で話してもいいですか。

　大統領：どうぞ。

　質問者：私が取り上げるこの問題はオンラインで寄せられたものです。就任1年目に中国を訪問し、中国で私たちと意見交換の機会を設けてくださり、大統領に感謝の気持ちを表したいです。今回の大統領の訪問が中国にもたらすものは何ですか、また大統領は米国に何を持ち帰りますか。

　大統領：私の今回の訪問の主な目的は中国に対する理解を深め、その将来に向けた展望を開くことです。私は胡主席とこれまで何回も会談を行ってきました。我々はともに経済・金融危機克服に向けた主要20カ国・地域（G20）によ

る会合に参加しました。我々は一連の広範な問題について協議を行ってきました。しかし、米国が中国に対する理解を引き続き深めていくことは非常に重要であるのと同様に、中国も米国に対する理解を引き続き深める必要がとある私は考えています。

　大統領：この集会または今回の訪問により私が期待している成果については、故宮と万里の長城の見学、皆さんとの対面というすべてハイライトと言える絶好の機会のほかに、胡主席との重要事項に関する議論が挙げられます。これについてハンツマンが先に述べましたが、米国と中国の共通の認識がなければ解決することができないグローバルな課題があります。

　具体的な例を挙げるとすれば、我々がちょうど取り上げた気候変動問題です。米国と中国は世界２大温室効果ガスおよび二酸化炭素排出国であり、地球温暖化を招いています。先に述べたとおり、米国は高度に発展した国家であることから、１人当たりのエネルギー消費量は中国よりも遥かに多くなっています。一方、中国の成長スピードは米国より速く、多くの人口を抱えています。このため、我々両国がこの問題に対し効果的な措置を講じないかぎり、解決は不可能と言えます。

　12月にコペンハーゲンで行われる会議で、世界のリーダーたちは解決策を見出そうと努力しており、我々すべてが異なる目標を確約することが可能であることから、各国が同じ義務を背負うことはないでしょう。明らかに中国は非常に多くの貧困人口を抱えているので、米国と全く同じような行動を取る必要はありません。しかし、計画的に温室効果ガスを削減していく点については、我々はともに一定の責任担わなければなりません。

　これは今回の会談で私が期待している成果の一例です。会談で私は胡主席と意見を交換し米中両国がともにリーダーシップを発揮できるかを議論したいと

思っています。世界中の他の国々が我々を待っていると言えるからです。彼らは我々の行動を注視するでしょう。彼らが米国と中国がこの問題に真剣に取り組んでいないと見なした場合、真剣に対応しないことになるでしょう。これは我々両国が現在担っているリーダーシップを取る者の責任なのです。議論と対話を重ねることにより、世界に対し多くの重要な問題においてリーダーシップを示すことができるようになることを希望しています。いいですか？（拍手）

では、次は男子学生の番ですね。そこの男性を指名します。

質問者：こんにちは。私は同済大学の学生です。孔子の言葉を引用したいと思います。「朋有り遠方より来る、亦楽しからずや」。『論語』には「和して同ぜず」という格言があります。中国は調和の取れた世界の構築を提唱しています。米国が多様性を特徴とする文化を形成していることを私たちは知っています。大統領の現政権が文化の多様性を通じてどのように多様性を持つ世界を築こうとしているのかお聞かせください。他の国々の異なる文化と歴史を尊重するためにどのような取り組みをお考えですか。さらに私たちは将来どのような協力を進めていくことができるのでしょうか。

大統領：非常に良い質問ですね。米国の強みの１つは非常に多様性に富んでいる文化です。我々は世界各地からやってきた人々からなっています。このため、米国人の外見の特徴を一言で表すことはできません。私の家族を例に挙げると、父はケニア出身、母は米国中西部カンザス州出身、インドネシア人の血が半分流れる妹は、中国系カナダ人と結婚しました。オバマ家はまるで国連のようです。（笑い声）

これは米国の大きな強みです。異なる文化、異なる食べ物、異なる考え方から我々は学び、こうした状況が米国社会により大きな活力をもたらしているからです。

また、各国は相互に結びついた世界において、独自の文化、歴史、伝統を持っています。米国について言えるとても重要なことですが、我々にとって良いことが他の人々にも当然良いことだと決めつけることはできません。我々は他の国に対して謙虚な姿勢で対応すべきです。

説明しなければならないのは、冒頭で述べたとおり、いくつかの基本原則は文化的背景にかかわらずすべての人々にとって普遍的なものと我々が考えている点です。例えば、国連で世界各地の子どもたちがいくつかの基本的な権利を享受できるよう力を入れて取り組んでいます。子どもたちが搾取され、労働を強いられるという状況はかつて米国を含む多くの国で見られたと思われますが、世界中のすべての国は、これまでよりも好ましい方法で児童に対応できるよう発展しなければなりません。これは世界で普遍的な価値観なのです。

女性に対する態度も同様です。ここに来る前、昼食をともにしながら上海市長と交わした議論は興味深いものでした。市長によると、中国の大学の多くの専攻で、女子学生数が男子学生数を上回っており、彼女たちの学習成果も非常に良好だそうです。これは発展のレベルを示す優れた指標と言えるでしょう。世界各地の発展状況を見渡す際、国家の発展レベルを示す最も重要な指標の1つが女子の教育状況および女性に対する処遇です。女性の才能と活力を活用し彼女たちに教育の機会を提供する国は、こうした措置をとっていない国よりも一般的に経済発展が進んでいます。

もちろん文化が異なれば男女間の関係に対する態度も異なりますが、米国は世界中の女性の権利を認めることを重視しています。女性が社会的に抑圧される、または機会が得られない、または暴力を受けている状況に対し、我々は非難することになるでしょう。

我々の観点に賛成できない人もいるかもしれませんが、この点について議論を続けることは可能です。しかし、我々の理念と価値観を守っていく必要があります。もちろん、この場合、我々は謙虚さを持ち、我々は必ずしも完璧ではなく、まだより多くの進展を遂げることができることを認識する必要があります。米国の女性に尋ねれば、一部の男性は女性の社会的地位について多くの古い考え方を持っていると答えるでしょう。このため、我々はすべての問題を解決したとは言うことはできませんが、これらの世界で普遍的な理念と価値観のために大きく声を上げなければならないと考えています。

いいですか。次はオンラインで寄せられた質問を取り上げましょう。

質問者：こんにちは、大統領。ここで大統領ご本人にお会いでき非常に光栄に思います。

大統領：ありがとう。

質問者：私はオンラインで寄せられた質問から選んだものを読み上げますが、これは台湾出身者から届いたものです。質問の中で彼は次のように記しています。「私の出身は台湾で、現在は中国大陸でビジネスを手がけています。近年、大陸と台湾の関係が絶えず改善しているため、私の大陸におけるビジネスは好調です。このため、米国に台湾向けの武器売却の継続を求める声があると聞き、非常に心配になってきました。私が心配しているのは、これにより大陸と台湾との関係が損なわれることです。ですから、大統領、あなたが大陸と台湾との関係改善を支持しているか否かを知りたいのです。もちろん、これは一ビジネスマンとしての質問ですが、実際に若い中国人学生がいずれも非常に関心を持っている問題なので、特にこの問題に対する大統領の姿勢を知りたいのです。宜しくお願いします。(拍手)

大統領：ありがとう。私は1つの中国政策を堅持すると一貫して表明してきましたが、それは30年前に公布された3つの共同コミュニケの中で示されている我々と中国との関係および台湾との関係に基づいています。我々はこの政策と方針の変更を望んでいません。

大陸と台湾の関係の緊張緩和と改善を非常に喜ばしく思っているほか、多くの問題を解決する中で、台湾と中国のその他の地域との大幅な関係改善が引き続き進むことを強く望んでいます。

米国は対外政策の中で、中国政策も含みますが、対話と交渉を通じた問題解決を一貫して追求してきました。我々はこれをよりよい方法だと考えています。さらに、この地域で構築が進む経済・通商関係は、あなたがたが生まれる前、さらに遡り私が生まれる前にすでに形成されていた緊張関係の緩和に寄与していると思います。

こうした問題を考えるとき、未だに過去を振り返るばかりで、未来への展望を描かない人もいます。私は未来志向でありたいと考えています。たった今述べたとおり、構築が進む通商関係に関する私の認識では、人々がビジネスを展開し利益を得ることができると考えた場合、いくつかの要素により思考が非常に明快になり、イデオロギーの問題を懸念しないようになります。この地域でこうした変化が現れ始めていますが、我々はこのプロセスを高く支持しています。いいですか。

次は女子学生の番ですね。ではそこの方に。ちょっと待って、こうしましょう。おっと、申し訳ない、マイクが戻ってきてしまった。次にあなたを指名しますからね。

質問をどうぞ、後でここにきますからね。どうぞ。

質問者：ありがとうございます。

大統領：後で指名しますよ。まず彼女が質問して、次にあなたにお願いしますね。

質問をどうぞ。

質問者：はい、ありがとうございます。大統領、私は上海交通大学の学生です。ノーベル平和賞について質問します。大統領にノーベル平和賞が授与されることになった主な理由は何とお考えですか。受賞が大統領により大きな責任とプレッシャーをもたらし、世界平和の推進につながるのでしょうか。受賞は国際問題への対処に関する大統領の考え方に影響を及ぼしますか。宜しくお願いします。

大統領：ありがとう。よい質問ですね。ノーベル平和賞の受賞を一番驚いているのはこの私です。もちろん非常に光栄なことです。過去の受賞者の輝かしい歴史を考えると、私がこの受賞に値するとは思っていません。しかし、私ができることは、米国国民および米国だけでなく米国の対外政策にも変化が起きる可能性が選考委員会を動かしたという事実を謙虚に受け入れることです。このため、ある意味で私は賞を授与されましたが、ただの象徴でしかなく、対外政策のシフトを進めるための努力を代表する存在にすぎないと言えます。

私が感じている重荷についてですが、大統領に就任し非常に光栄に思っています。妻は私が激務について不満を漏らすと、「あなたは自ら進んでこの仕事に就いたのよ」と指摘します（笑い声）。中国に同じような格言があるかどうかわかりませんが、米国では「自分で蒔いた種は自分で刈り取れ」とよく言います。これは、願い事をするとき、本当にその願いがかなうかもしれないので

慎重になるべきという意味です。

　我々はいずれも世界平和を推進する義務があります。これは必ずしも容易に実行できることではありません。世界には数世紀にわたり依然未解決の紛争が数多く存在しています。中東に目を向けてみると、1000年前の論争に端を発した戦争や紛争があります。世界中の多くの地域において、例えばアフリカでは解決困難な民族間の紛争および部族間の衝突が起こっています。

　言うまでもなく、私は現在、米国大統領として職責の1つである米国軍最高司令官を務めており、その最重要任務は米国国民の保護です。9・11米国同時多発テロや世界各地で発生しているテロ事件により、罪のない人々の命が奪われていますが、私の責任はこれらのテロ組織を根絶し、他の国々と協力しこのような暴力をめぐる問題を解決していくことです。

　国家間または民族間の暴力を根絶できるとは考えていませんが、民族間の暴力は対話や意見交換を進めるほか、民族および文化の相互理解を深めることにより必ず減少させることができると思います。

　特に現在ではたった1人でも1つの爆弾を爆発させ大規模な破壊活動を行うことができるので、我々はこれまで以上に和平実現に向けた戦略の追求が重要です。技術が強力な手段であることは確かですが、一部の人々がこれを用い非常に大きな損害を引き起こす恐れもあります。胡主席との会談および両国間で継続している交流の中で、米国と中国は手を携え協力し、現在起こっている摩擦を減らす方策を講じることができると私は期待しています。

　軍隊を動員する場合、我々は強大な国であるがゆえに、自らの行動を省み、我々自身の動機と利益について十分検討しなければなりません。これは単に誰も我々を阻止することができないという理由だけで、武力を使用することがな

いようにするためです。大国、強国の責任の1つは国際社会で責任ある行動を取ることだ。米中両国が協力し世界各地の衝突を減らす国際的な規範を築くことができると期待しています。(拍手)

いいですか。ジョン。米国大使館のウェブサイトに届いた質問を大使が持っているので、ここで質問を読み上げてもらいます。これは米国の記者団のメンバーが選び出した質問と思いますが。

大使：そうです。予想どおりですが、「インターネット・ユーザー3億5,000万人とブロガー6,000万人を有する国において、ファイアウォールが存在していることをご存知ですか」。2つ目は「私たちはツイッターを自由に使えるべきでしょうか」という質問です。

大統領：まず申し上げたいのは、私はこれまで1度もツイッターを使ったことがありません。若者はこうした電子機器を多用していますね。指先が不器用なので携帯電話であれこれタイピングすることができないのです。私は技術を強く信じており、情報流通の面で開放性を強く信じています。情報流通の自由度が高まれば、社会はより強いものに変わります。世界各国の国民が自国の政府に対し説明責任を問うことができるからです。国民は自分で考えるようになり、これにより新しい思想が生まれ、創造性が培われるのです。

私はこれまで一貫してインターネットのオープンな利用を支持してきました。情報検閲を行わないことを強く支持しています。これは私が前述したとおり米国の伝統の一部となっていますが、それぞれの国が異なる伝統を持っていることも認識しています。米国において、自由なインターネットの存在、または制限のないインターネットアクセスの享受が力の源となっていることから、我々はこれを推進していかなければなりません。

ところで、正直にお話しますが、私は米国大統領として情報がこのように自由に流れなければいいなと思ったこともあります。この場合、人々の批判をいつも耳にすることはありませんからね。人々は権力を手にすると、他人が自分についてどうしてあのように言うのか、または無責任なことを言っているなどと考えるようになります。しかし、実際には、米国に情報の自由があり、私についてあれこれと論じる多くの批評家がいるので、我々の民主主義がより強いものになり、私もよりよいリーダーへと成長することができるのです。このような状況において、私は聞きたくない意見にも耳を傾け、日々取り組んでいることを検証しなければなりません。米国国民のためにベストを尽くしているか否かを省みる必要があるからです。

インターネットはこうした市民参加において、より強力なツールになっていると思います。実際に大統領選において、インターネットを通じてあなた方のような若者を巻き込むことに成功したことが、私の勝因の1つになりました。当初、我々が勝つとは誰も思わなかったのは、我々に誰よりも資金力のある支援者や影響力のある政治ブローカーがいなかったからです。しかし、我々の選挙運動がインターネットを通じて人々を奮い立たせた結果、人々は組織をつくり、ミーティングを行い、選挙活動、イベント、集会を準備するようになったのです。これがボトムアップ型の運動へと発展し、我々はうまく進めることができました。

こうした状況は政府や政治だけでなく、ビジネスの面でも見られます。グーグルのような会社を考えてください。わずか20年前、いや20年にもならないのですが、あなた方より年上とはいえ大して変わらない年齢の2人のアイデアから生まれました。当時それは科学研究プロジェクトだったのです。しかし、突然インターネットの影響で、彼らは世界中のビジネスに変革をもたらす産業を創出することができました。もしインターネットがもたらす自由と開放性がなかったら、グーグルは誕生しなかったでしょう。

だから、私はインターネット利用、インターネット接続、およびツイッターなどの情報技術に制限を加えないことを強く支持します。開放性が高まれば、我々はコミュニケーションをより豊かにするほか、世界を1つに結びつけることができるのです。

考えてみましょう。娘のマリアとサーシャ、1人は11歳、もう1人は8歳ですが、2人は自分たちの部屋からインターネットを通じて上海へ旅することができるのです。2人は世界のどこにでも行けますし、知りたいことは何でも学べます。2人は非常に大きな力を持っていると言えます。これは我々が話した内容の理解を進めるのに役立つのです。

前述のとおり、技術には常にマイナス面もあります。過去にありえなかったやり方ですが、テロリストがインターネットを利用し組織を形成できることもその1つです。過激派が動員をかけることもできます。このため、開放性のために若干の代償を支払わなければならず、これは否定できないことなのです。しかし、善は悪よりも遥かに重いので、開放性を維持することはよりよい選択なのです。こうした理由もあり、インターネットがこの対話集会の構成要素であることを私は喜ばしく思っているのです。

もう2つ質問を取り上げたいと思います。次はそちらの男性にお願いしましょう。では、ここで、マイクを回しますね。

質問者：まず初めに、ここで大統領に質問でき大変光栄です。私は自分が大変幸運であるほか、大統領の語り口が明快なのでヘッドフォンが必要ないと感じています。（笑い声）

質問に移ります。私の名前は（聞き取れない）です。復旦大学管理学院の学

付録：オバマ大統領の上海における大学生との対話集会（2009年11月16日）

生です。私が伺いたいのは、これまでノーベル平和賞に関する質問を受けたことがあるとかと思いますが、それらと同じ観点からの質問ではありません。このような非常に栄誉ある賞を受賞することは容易なことではありませんが、私が知りたい、私たち全員が知りたいのはどのようにこの賞を勝ち取ったかということです。あなたが受けた大学教育の中で、何が今回の受賞に役立ったのでしょうか。これについて私たちは非常に興味を持っており、あなたの大学教育の経験をお聞きし、成功への道を歩むのに役立てたいのです。

大統領：まず、ノーベル平和賞をとるためのカリキュラムやコースがあるかどうかはわかりません。（笑い声）ですので、こうしたことを保証することはできません。しかし、成功の秘訣についてですが、あなた方はすでに実践していると思います。確かに、あなた方は十分努力し、一生懸命勉強をしています。好奇心を持っています。自ら進んで新しい思想について考え、自分自身で考えようとする姿勢を持っています。私が出会い最も刺激を受けた成功者は一生懸命努力するだけでなく、絶えず自分自身の向上を図り、新たな思考方法を探っています。従来の方法を固く守るだけではないのです。

もちろん成功への道は数多くそれぞれ異なっています。あなた方の中に政府機関に入る人もいるでしょう。教師や教授になりたい人もいるかもしれませんね。ビジネス界に入りたい人もいるでしょう。どのような分野に進んでも、絶えず自分自身を向上させ、ベストを尽くさない自分に決して満足しない、科学技術や芸術などどのような分野においても「異なる方法でできることはあるか」、「これまで誰も思いつかなかった問題解決の新たな方法はあるか」と新たな問いを持ち続ける。このような人が抜きん出た存在になることができるのです。

最後のアドバイスとしてお話したいのは、私には役立ったものですが、私が最も敬慕する成功を手に入れた人々は自分自身のためだけでなく、個人的なレベルより大きなスケールで物事を考えているということです。彼らは社会に貢

献することを望んでいます。自分の国に、民族に、都市に貢献することを望んでいます。彼らが関心があるのは自分の個人的な生活の範囲を越えて影響力を持つことなのです。

多くの人々は自分自身のためにお金を稼ぎ、良い車と良い家を購入しようとしています。これらはいずれも重要なことですが、本当に世界に名を残す人々はより大きな理想を持っています。彼らは次のように自問するのです。「飢えに苦しむ人を救うために何ができるか」、「学校に通っていない子どもたちに教育を受けさせるために何ができるか」、「平和的手段により紛争をどのように解決するか」と。このような人々は世界影響力を持つようになるのです。あなた方のような若者がこれまでと同様に努力し続ければこのような影響力を持つことができるでしょう。

いいですか。では、これが最後の質問になります。残念ですが、時間が経つのは早いですね。最後のオンラインで寄せられた質問です。3人の素晴らしい学生が質問してくれるのを望んでいましたから。

質問者：最後の問題を読み上げることができ光栄です。私は復旦大学の学生です。今日、私は中国の若者（聞き取れない）の代表でもあります。この質問は北京から寄せられたものかと思われます。大統領のアフガン政策に非常に関心を持っています。質問は、テロリズムは依然として米国の安全保障上の最大の脅威であるか否か。アフガニスタンにおける軍事行動をどのように評価しますか。イラク戦争と同じような状況なるのでしょうかというものです。宜しくお願いします。

大統領：いい質問ですね。まず、私は米国の安全が直面している最大の脅威は「アルカイダ」のようなテロリストのネットワークであると引き続き認識しています。その理由は、彼らは人員規模は小さいのですが、良心の呵責なく罪

のない市民を殺害すると表明しているからです。今日の技術をもってすれば、こうした組織が核兵器、化学兵器、または生物兵器のような大量破壊兵器を手に入れ、上海やニューヨークのような都市で使用した場合、たった数人でも数万ひいては数十万人の人々を殺害することが可能です。ですから、非常に大きな脅威となっているのです。

我々が当初アフガニスタンに派兵した理由はアルカイダがアフガニスタンに拠点を持ち、タリバンの庇護を受けていたからです。現在、彼らはアフガニスタンの国境を越えパキスタン国内に移り、その地域で他の過激派組織と構築したネットワークを維持しています。アフガニスタンの安定化が我々にとって重要であるのは、これによりアフガニスタン人が自分自身を守ると同時に、これらの過激派組織ネットワーク勢力の弱体化を図るうえで、パートナーとしての役割を果たすようになるからです。

明らかに、これは非常に困難なことです。最も困難なことの1つが若者を戦場に派兵する命令を出すことです。戦場で命を落とした兵士たちの父母に会う機会がよくあるのですが、彼らは再び家に帰ることができないのです。こうしたことは私の心に重くのしかかり、深い悲しみをもたらします。

幸運なことに、我々の武装部隊に従軍する若者は国に貢献することを固く信じ、自ら進んで戦場に赴いています。我々の北大西洋条約機構（NATO）やオーストラリアのように貢献しているその他の国々を含むより広範な連合において、アフガニスタン人の訓練を支援することにより、政府の機能が回復し、独自の治安部隊を持てるようになると信じています。その後、我々は徐々に部隊を撤退させることができるのです。タリバン掃討後にすでに真空地帯は存在しないからです。

しかし、これは困難な任務です。容易ではありません。最終的にテロリス

ト・過激派の根絶を目指す中で、それが軍事行動だけではないことを理解しなければなりません。何が若者をテロリストに変貌させるか、彼らがなぜ自爆テロ実行犯となるのかを我々は知らなければなりません。さまざまな原因があるのは明らかですが、その1つに宗教の歪曲があり、これによってこうした暴力行為が正当であるとの誤解をもたらしていると思うのです。パキスタンやアフガニスタンで起こった一部の事件は、教育を受けたことがない、機会に恵まれない若者が生活の中で活路を見出せず、こうした行為が唯一の選択だと思い込むようになった結果なのです。

ですから、我々がアフガニスタンで行いたいことは、教師養成、学校建設、農業改善を進める方法を模索し、人民により大きな希望を与えることです。このような行動でオサマ・ビン・ラディンの考え方を変えることはできないでしょう。そのイデオロギーは根深く、西側に打撃を与えようとしています。しかし、テロ組織が募集した貧しい若者たちを変えることはできるでしょう。長期的に見て、これは少なくとも我々の軍事行動と同じくらい重要、より重要とさえも言えるのです。いいですか。

さて、私は素晴らしいときを過ごせました。皆さんにとても感謝しています。まず言わせてもらいたいのは、あなた方の英語にとても感心したことです。確かにあなた方は一生懸命勉強していますね。皆さんとお会いして米中関係に大きな希望があることを実感しました。

あなた方の多くが米国を旅行や訪問する機会があることを望みます。あなた方は歓迎されるでしょう。米国人の中国人に対する心温かい態度を実感するでしょう。あなた方のような若者と私が知っている米国の若者がいれば、我々2つの大国は繁栄を続け、より平和で安全な世界を協力して築いていけるでしょう。

　ありがとう、皆さん。ありがとう。(拍手)

付録：オバマ大統領の上海における大学生との対話集会（2009年11月16日）

中国現地時間午後2時8分

参考資料

1．アメリカ政府関係省庁の中国、米中関係に関する公表データと報告書
　（1）United States Department of Commerce.
　　　http://www.commerce.gov/
　（2）Office of the United States Trade Representative.
　　　http://www.ustreas.gov/initiatives/us-china/
　（3）United States Embassy of Beijing, China Press Releases.
　　　http://beijing.usembassy-china.org.cn/press_releases.html.
　（4）National Committee on United States-China Relations.
　　　http://www.ncuscr.org/

2．アメリカ研究機構の中国、米中関係に関する研究文章
　（1）East Asian Institute.
　　　http://www.nus.edu.sg/NUSinfo/EAI/
　（2）East Asian Program.
　　　http://ceas.stanford.edu/
　（3）Center for Chinese Studies, University of Hawaii.
　　　http://www.chinesestudies.hawaii.edu/
　（4）Center for Chinese Studies, University of Michigan.
　　　http://www.lsa.umich.edu/ccs/aboutus.
　（5）Joint Committee on Contemporary China.
　　　http://www.dur.ac.uk/china.studies/asia/board/
　（6）Brookings Institution.
　　　http://www.brookings.edu/
　（7）Rand Corporation.
　　　http://www.rand.org/
　（8）Council on Foreign Relations.
　　　http://www.cfr.org/
　（9）Center for American Progress.
　　　http://www.americanprogress.org/

3. 英文新聞紙の中国、米中関係に関する記事（1990-2010．5）
   (1) *The WALL STREET JOURNAL.*
       WSJ. com.
   (2) *The FINANCIAL TIMES*
       http://www.ft.com/home/asia
   (3) *Thomson Reuters.*
       http://thomsonreuters.com/
   (4) *The New York Times.*
       http://www.nytimes.com/

4. 英文書籍
   (1) *ON THE BRINK: Inside the Race to Stop the Collapse of the Global Financial System.*
       By Henry M. Paulson. Grand Central Publishing, USA. 2010.
   (2) *The POST-AMERICAN WORLD.*
       By Fareed Zakaria. Simon & Schuster Audio. USA. 2008.
   (3) *THE GRAND CHESSBOARD: American Primacy and its Geostrategic imperatives.*
       By ZBIGNIEW BRZEINSKI. Basic Books. USA. 2006.
   (4) *SECOND CHANCE: Three Presidents and the Crisis of American Superpower.*
       By ZBIGNIEW BRZEINSKI. Basic Books. USA. 2007.
   (5) *AMERICA AND THE WORLD: Conversations on the future of American foreign policy.*
       By ZBIGNIEW BRZEINSKI. Basic Books. USA. 2008.
   (6) *DOS AMERICA NEED A FOREIGN POLICY? Towards a new diplomacy for the 21st century.*
       By HENRY KISSINGER. Simon & Schuster Inc. USA. 2001.
   (7) *CHINA'S MEGATRENDS: The 8 pillars of a new society.*
       By JOHN NAISBITT. HaperCollins Publishers. USA. 2009.
   (8) *Armageddon:The Secret Agenda of Washington's New Gold War.*
       By F. William Engdahl. Pluto Press. USA. 2009.

5. 中国政府の主要省庁の米中関係に関する公表データと報告書
   (1) 中国国家発展改革委員会（http://www.sdpc.gov.cn/）

(2) 中国商務部（http://www.mofcom.gov.cn/）
(3) 中国人民銀行（http://www.pbc.gov.cn/）
(4) 中国外交部（http://www.fmprc.gov.cn/chn/pds/ziliao/zt/dnzt/zmzldh/）

6．中国新聞紙の米中関係に関する特集記事（1990-2010.5）
(1) 中国政府ネット（http://www.gov.cn/）
(2) 新華ネット（http://www.xinhuanet.com/）
(3) 中国ネット（http://www.china.com.cn/index.htm）
(4) 人民ネット（http://www.people.com.cn/）
(5) 中国経済ネット（http://www.ce.cn/）
(6) 第一財経ネット（http://www.yicai.com/）
(7) 新浪ネット（http://www.sina.com.cn/）
(8) 香港・太公報ネット（http://www.takungpao.com/）
(9) 香港・鳳凰ネット（http://www.ifeng.com/）

7．中国書籍
(1) 『美国対中国反傾銷案例研究』馬忠法著、復旦大学出版社、2009年
(2) 『中美経貿摩擦研究』苗迎春著、武漢大学出版社、2009年
(3) 『大国的較量：中美知識財産権交渉』呉海民著、長江文芸出版社、2009年
(4) 『中美貨幣戦争記実』高低、肖万春著、中央編訳出版社、2009年
(5) 『大国遊戯』井底望天著、世界知識出版社、2009年
(6) 『大国問号』中央電視台経済頻道編著、中国経済出版社、2009年
(7) 『中国不高興』宋暁軍、王小東著、江蘇人民出版社、2009年
(8) 『低炭素経済：緑色革命和全球創新大競争』蔡林海著、中国経済科学出版社、2009年

【著者紹介】

蔡　林海（Cai Linhai）

1989年筑波大学大学院社会科学研究科に留学。1995年に同大学院社会学博士号を取得、日立製作所に入社、日立総合計画研究所主任研究員。日立（中国）有限公司政府事務マーケティング戦略部長（現在）、中国商務部国際経済貿易研究院特約研究員と青島大学客員教授を兼任。

主要著作：『低炭素経済』2009年8月、『アメリカサブプライムローン危機の真実』2008年6月、『日本のバブル経済と失われた10年』2007年8月、以上、中国経済科学出版社。『巨大市場と民族主義』2005年、日本経済評論社。『中国の知識型経済』2002年、日本経済評論社。『市場と文明のパワーゲーム』2000年、東洋経済新報社。『アジア危機に挑む華人ネットワーク』1998年、東洋経済新報社。『金融危機とアジア経済の新局面』1997年、香港明報出版社。

米中G2のパワーゲーム

2010年9月15日　第1刷発行　　定価（本体2800円＋税）

著　者　蔡　　林　海
発行者　栗　原　哲　也
発行所　株式会社　日本経済評論社
〒101-0051　東京都千代田区神田神保町3-2
電話　03-3230-1661　FAX　03-3265-2993
info@nikkeihyo.co.jp
URL：http://www.nikkeihyo.co.jp
印刷＊文昇堂・製本＊高地製本所

装幀＊渡辺美知子

乱丁・落丁本はお取替えいたします。　　　　　Printed in Japan
Ⓒ CAI Linhai 2010　　　　　　　　　　　　ISBN978-4-8188-2127-9

・本書の複製権・翻訳権・上映権・譲渡権・公衆送信権（送信可能化権を含む）は、㈳日本経済評論社が保有します。

・JCOPY〈（社）出版者著作権管理機構　委託出版物〉
本書の無断複写は著作権法上での例外を除き禁じられています。複写される場合は、そのつど事前に、（社）出版者著作権管理機構（電話03-3513-6969、FAX03-3513-6979、e-mail: info@jcopy.or.jp）の許諾を得てください。

巨大市場と民族主義
―中国中産階層のマーケティング戦略―

蔡林海編

A5判 三〇〇〇円

「世界の工場」から「巨大消費市場」に転換しつつある中国。とりわけ経済の驚異的成長に伴う中産階層の台頭はめざましい。中国に進出している日本企業に何が求められるか。

中国の知識型経済
―華人イノベーションのネットワーク―

蔡林海著

A5判 三三〇〇円

中国経済の伸展は安価な労働力のみが理由ではない。開発経済による知識型経済への移行は、ハイテク企業の中国への展開を可能にした。経済の質的変化を多角的に分析する。

現代中国経済政策史年表

孔麗編著

A5判 三三〇〇円

経済政策はその時々の政治、社会情勢や世界の動向と密接な関係をもつ。経済発展のめざましい中国の建国以来の経済政策を重要事項の解説とともにまとめる。

張謇と渋沢栄一
―近代中日企業家の比較研究―

周見著

A5判 五八〇〇円

開国から急速な近代化を遂げた日本、紆余曲折の末、近代化に遅れた中国。実業思想や株式会社制度、企業経営および商工業界の動向をめぐり二人の企業家に焦点をあてる。

中国経済論
―高度成長のメカニズムと課題―

周牧之著

A5判 三四〇〇円

なぜ中国は「世界の工場」となったのか。東アジアの連携を視野に、中国メガロポリス成長のプロセスと社会経済構造を分析し、改革のゆくえを展望する。

（価格は税抜）　日本経済評論社